Alcanzando a Jesús

5 PASOS HACIA LA PLENITUD DE LA VIDA

con Manual de Trabajo

David Knight

traducio por
Leticia Tinoco y Marcela Mendoza

HIS WAY COMMUNICATIONS
1310 Dellwood Ave., Memphis TN 38127
(901) 358 3956 -- knight@hisway.com
www.immersedinchrist.org

Nihil Obstat: Rev. Arthur J. Espelage, O.F.M.
Rev. Robert L. Hagedorn

Imprimi Potest: Rev. John Bok, O.F.M.
Provincial

Imprimatur: +Reverendísimo Carl K. Moeddel, V.G.
Arquidiócesis de Cincinnati
3 de marzo de 1997

El *nihil obstat* y el *imprimatur* son declaraciones que indican que un libro se considera libre de errores doctrinales o morales. No implica que quienes han otorgado el *nihil obstat* y el *imprimatur* están de acuerdo con el contenido, las opiniones o las declaraciones expresadas.

Diseño de cubierta, Mark Sullivan
Fotografía de cubierta, Gene Plaisted, O.S.C.
Paginación electrónica y diseño, INCA Spanish Editorial Services

ISBN 0-86716-506-5

Publicado originalmente por St. Anthony Messenger Press
www.AmericanCatholic.org
Impreso en Estados Unidos de América

Contenido

PARTE 1

Los cinco pasos

INTRODUCCIÓN

Cinco pasos hacia la plenitud de la vida

Este libro trata de cinco cosas que necesitas hacer para poder experimentar a Jesucristo como salvador, maestro, líder, amante y señor. En la experiencia de la unión con él en estos niveles, descubrirás la plenitud de la vida de gracia.

Todos deseamos "vida en abundancia" —una vida llena, una vida con sentido, una vida productiva, una vida feliz. Como quiera que entendamos y definamos estas cosas, ellas son lo que nuestro corazón desea.

Jesús de Nazaret se definió a sí mismo como la vida que todo el mundo busca, así como también el camino hacia ella. "Yo soy el Camino, la Verdad y la Vida" (Juan 14:6). La razón por la que vino al mundo fue que "tengan vida y la tengan en plenitud" (Juan 10:10). Creer o no creer que Jesús es la vida que buscamos es la decisión más importante que jamás haremos, porque establece el curso que tomará nuestra vida.

No es suficiente afirmar con palabras solamente o aceptar intelectualmente que Jesús es el salvador del mundo. Si realmente creemos que la plenitud que anhelamos se encuentra en la unión con Jesús, dirigiremos nuestra vida entera a la adquisición de esa unión. Si realmente creemos que Jesús es el camino a la vida plena, lo seguiremos; basaremos todo lo que hagamos en sus palabras y ejemplo.

Durante dos mil años los cristianos han proclamado que Jesús de Nazaret es el "Cristo", el "Ungido." Pero para cada uno de nosotros, esa creencia de dos mil años no es tan importante como aquel momento en nuestra vida en el cual decidimos aceptar a Jesús como el Mesías, el Ungido, y dirigir nuestra vida hacia él como nuestra satisfacción total.

En realidad, éste no es un solo momento de decisión, sino un momento que se repite, una decisión hecha y en la cual se persevera; es un compromiso. Los compromisos son los actos más importantes de nuestra vida; ellos moldean nuestra alma.

Cada decisión, cada acción libre, es un acto de autodeterminación. Nuestras decisiones nos convierten en las personas que seremos para toda la eternidad. En cada decisión experimentamos con mayor fuerza qué es ser humano, ser la imagen de Dios. En cada decisión decimos: "¡Que así sea!" y lo es. En cada decisión elegimos creer, amar u odiar, elegimos vivir la vida en su plenitud o alejarnos de la vida en abundancia. En estos momentos de libertad nos creamos a nosotros mismos como creyentes, como amantes, o como seres que odian, como gente de esperanza o desesperanza.

Un compromiso es un momento de libertad que perdura. Las decisiones libres son palabras que se hablan; los compromisos son palabras que se cantan. En los compromisos mantenemos la nota: la decisión continúa, nuestro momento de libertad se prolonga. Nuestros compromisos —las verdades que escogemos creer; los ideales que escogemos abrazar; las direcciones que decidimos tomar; las metas que decidimos perseguir; las esperanzas por las que decidimos guiar nuestra vida— éstas son las decisiones perdurables que moldean nuestra alma, nos hacen las personas que somos y determinan el verdadero significado de nuestros nombres.

Jesucristo nos invita a crearnos a nosotros mismos, a moldear nuestras almas, mediante la respuesta que le demos. Esta elección, esta decisión perdurable, es el compromiso más importante de nuestra vida. De hecho, si entendemos que eso implica todos los compromisos particulares subsecuentes o que están incluídos en él, es el único compromiso que cuenta. Todas las otras decisiones en la vida son compromisos que no tienen significado permanente, ningún valor perdurable, excepto en el grado en que de un modo u otro sean actos de respuesta a la persona y el mensaje de Jesucristo.

Ya sea que la gente responda a Jesús conscientemente, conociendo su nombre, o que, como los Reyes Magos de Oriente en el Evangelio de San Mateo, le responda siguiendo la estrella mediante la cual Dios les habla, no hay otro camino que lleva a la vida excepto el camino que lleva a Jesús. Él, y solamente él, es el camino, la verdad y la vida.

El propósito de este libro es simplemente marcar ese sendero, para que los que escojan seguirlo sepan en dónde se encuentran, entiendan qué pasos han tomado ya y qué pasos necesitan tomar a continuación para llegar a Cristo, para llegar a la unión con él, en quien está la plenitud de la vida.

Este libro trata de cinco decisiones, cinco compromisos que son esenciales para nuestro compromiso para seguir a Jesucristo. Son las cinco decisiones básicas que necesitamos hacer para vivir la vida que Jesús vino a dar en abundancia: la vida de gracia. La vida cristiana integral requiere de estos cinco compromisos. Llevan a la entrega total de nosotros mismos en amor.

Implícitas en estos cinco compromisos a la vida en Cristo hay cinco decisiones para morir, cinco tumbas en las que debemos entrar para poder levantarnos a la vida en abundancia.

¿Suena atemorizante? No debería. Jesús enseñó, "El que vive su vida para sí, la perderá, y el que sacrifique su vida por mi causa, la hallará." (Mateo 10:39). Jesús aceptó la muerte para multiplicar su vida en la tierra: "Si el grano de trigo no cae en tierra y muere, queda solo; pero si muere, da mucho fruto." (Juan 12:24).

San Pablo nos recuerda que en nuestro Bautismo morimos y renacemos: "Como ustedes saben, todos nosotros, al ser bautizados en Cristo Jesús, hemos sido sumergidos en su muerte. Por este bautismo en su muerte fuimos sepultados con Cristo, y así como Cristo fue resucitado de entre los muertos por la Gloria del Padre, así también nosotros empezamos una vida nueva." (Romanos 6:3-4).

La vida cristiana es un constante morir a lo inferior para vivir lo superior. "Pues a los que estamos vivos nos corresponde ser entregados a la muerte a cada momento por causa de Jesús, para que la vida de Jesús se manifieste en nuestra existencia mortal." (2 Corintios 4:11). Estas "muertes" no son pérdida para nosotros sino ganancia: "Si viven según la carne, necesariamente morirán; más bien den muerte a las obras del cuerpo mediante el espíritu, y vivirán." (Romanos 8:13) —y tendrán vida en abundancia. San Pablo no está hablando aquí sólo de aceptar la muerte física a cambio de la vida eterna en el cielo; está hablando de morir a todo aquello que disminuya nuestra respuesta a Jesucristo en el mundo, para que empecemos a vivir la vida en abundancia aquí mismo y desde ahora.

Para alcanzar vida en abundancia necesitamos entrar en cinco tumbas y levantarnos de ellas. Necesitamos pronunciar cinco palabras de vida; por cada una de ellas morimos a lo inferior, y nos levantamos a lo superior.

Cinco tumbas, cinco renacimientos: Ésa es la substancia de este libro. El Bautismo nos comprometió a todas ellas. Pero sería posible, y hasta probable, que ni cuando fuimos bautizados, ni después, los pusimos específicamente en enfoque.

Estamos comprometidos a todos ellos; los estamos viviendo en forma general, quizá sin ton ni son. Y están dando fruto en nuestra vida. Pero quizá no el fruto que deberían dar, ni el fruto que podrían dar si los vivimos totalmente.

La vida cristiana, la vida de gracia, debe ser una continua experiencia de vida apasionada a todo nivel: cuerpo, emociones, mente y voluntad. La vida cristiana vivida apasionadamente en amor, tiene por objeto darnos vida en abundancia, alegría en abundancia.

Debe ser una experiencia de Dios, una experiencia de Cristo, una experiencia de ser Cristo, de ser su cuerpo, ver con sus ojos, escoger de acuerdo a los deseos de su corazón, viviendo de acuerdo a su vida divina, dando vida a otros. Es vivir la experiencia de redimir al mundo.

En el Bautismo, cada uno de nosotros fue ungido con crisma y consagrado por Dios para continuar la misión de Jesús. Cada uno de nosotros fue sellado y comprometido, consagrado y ungido para ser profeta, sacerdote y administrador del reino de Cristo. Fuimos bautizados en Cristo para continuar la vida y misión del Ungido en la tierra, para que fuéramos Cristo.

"Alegrémonos y demos gracias," dice San Agustín a los bautizados, "porque nos hemos convertido no sólo en cristianos, sino en Cristo [...] ¡Maravíllense y alégrense: nos hemos convertido en Cristo!"[1]

"Ser Cristo" y vivir nuestra unión con él, vivir nuestra unción bautismal con conciencia clara es vivir la vida en su plenitud. Pero para esto necesitamos entender claramente cada compromiso incluído en esa unción. Necesitamos aceptarlos de forma explícita y tratar específicamente de vivirlos activamente.

Este libro es una guía para hacer esas cinco decisiones de morir a nosotros mismos y levantarnos para ser Cristo. Nos ofrece cinco pasos para alcanzar la vida en abundancia. Estas cinco decisiones son simples, claras y específicas. Y todas son fáciles, por lo menos al principio. Pueden llevarnos a "vivir el Evangelio en forma heróica" (¡la fórmula para ser canonizado!), pero no necesitas ser heróico para empezar a vivirlas. No necesitas siquiera ser un cristiano especialmente bueno. Sólo tienes que estar dispuesto a empezar.

Es algo así como salir a correr: cuanto más lo hagas, mejor podrás correr. Así que empecemos.

---

[1]Ésta es la enseñanza de Juan Pablo II, citando a San Agustín: "Habiéndonos convertido en uno con Cristo, el Cristiano 'se convierte en miembro de su Cuerpo, que es la Iglesia' (cf. 1 Cor. 12:13,27). Por obra del Espíritu, el Bautismo configura radicalmente a los fieles a Cristo en el Misterio Pascual de su muerte y resurrección; lo 'reviste' de Cristo (cf. Gal. 3:27): 'Alegrémonos y demos gracias,' exclama San Agustín hablando a los bautizados, 'porque nos hemos convertido no sólo en cristianos, sino en Cristo [...] ¡Maravíllense y alégrense: nos hemos convertido en Cristo!'" *Esplendor de la Verdad,* Capítulo Uno, #21 (Boston: St. Paul Books and Media, 1993).

PASO

La decisión de convertirse en Cristiano

Morir a la influencia de salvadores falsos y esperanzas falsas; resucitar en Jesucristo, Salvador del mundo

El primer paso es tomar la decisión de que Jesucristo, como salvador, participe activamente en todo lo que hacemos. Éste es el significado de ser cristiano. Para poder hacerlo, debo "dar muerte" a la idea de que podría salvar una parte de mi vida en este mundo sin darle a Jesús una participación activa. Esta idea es lo primero que debo enterrar.

Este primer paso transformará toda mi vida y, sin embargo, no es difícil, indefinido o complicado. Es la decisión simple (pero profunda) de hacer algo práctico y concreto.

Como cristianos, creemos que Jesucristo está vivo, que está presente en nosotros todo el tiempo, que ve todas nuestras acciones y escucha cada una de nuestras palabras. Aún más, creemos que está presente dentro de nosotros, que vive en nosotros por la gracia, que comparte Su vida divina con nosotros, compartiendo nuestra vida humana y colaborando en todas nuestras acciones humanas.

Aunque no pensemos en esto ni tomemos una decisión consciente, cuando estamos unidos a Dios mediante la gracia, Jesús participa activamente en todo lo que hacemos. Jesús desea tener influencia en cada palabra que pronunciamos, en cada uno de nuestros pensamientos, y en las decisiones que tomamos —al menos, Jesús trata de ejercer Su influencia, en la medida en que permanecemos abiertos a lo que Él está haciendo.

Sin embargo, Jesús nunca va a violar nuestra libertad ni va a forzarnos a aceptar Su influencia. Su unión con nosotros mediante la gracia es una asociación: para que Jesús pueda colaborar con nosotros, tenemos que colaborar libremente con Él. Toda decisión inspirada en la gracia debe ser una decisión conjunta. Si no tomamos la decisión de asociarnos libremente con Jesús, estamos poniendo un obstáculo a su deseo de asociarse con nosotros.

El primer paso en el camino hacia la plenitud de vida es hacer el acto de fe consciente de que Jesús vive dentro de nosotros, y tomar la iniciativa de invitarlo a formar parte de todo pensamiento, palabra, acción y decisión de nuestra vida.

Podrías detenerte para hacer esto ahora mismo.

Luego tenemos que demostrar que realmente nos comprometemos a ello. Tenemos que tratar conscientemente de lograr que

Jesucristo participe activamente en todo lo que hacemos. Es necesario que interactuemos conscientemente con Él en todas las actividades del día.

Esto parece simple y lo es. Es concreto y realista. Todos pueden hacerlo. De modo que, ¿por qué hay tanta gente que no lo hace? En muchos casos, la respuesta es que no comprenden que necesitan hacerlo. La mayor parte de la gente no consulta a un médico hasta que está enferma. La mayoría de la gente no pide consejo hasta que se siente confundida. Parecería que la mayoría de los cristianos no interactúa con Jesús como salvador durante el día, todos los días, simplemente porque no piensan que necesitan interactuar con Él en forma cotidiana para salvarse. Para ellos, decir que "Jesús es el Salvador" significa que Jesús ha abierto las puertas del cielo para nosotros; no significa que Jesús tiene que ser el fundamento de nuestra vida, aquí y ahora.

De modo que, ¿cómo hacemos para aceptar sinceramente a Jesucristo como el único salvador del mundo?

Un prerequisito

Para poder construir nuestra vida sólidamente teniendo a Jesucristo como base, tenemos que cavar un pozo. Cuanto más profundo sea el pozo, más firme será la base. Esto significa que debemos penetrar profundamente dentro de nosotros mismos y comprender que tenemos necesidad de relacionarnos con Jesús. Tenemos que convencernos completamente de que Jesucristo no es una opción; que lograr una relación total con Él no es un "extra". Una relación profunda con Jesús es lo único que nos puede salvar de desviarnos hacia la autodestrucción, la distorsión, la mediocridad y la falta de sentido.

Si pensamos que la decisión que está frente a nosotros consiste en tomar la decisión de ser más (en vez de menos)—más cristiano, más santo, más religioso, más devoto—, entonces no entendemos el asunto. No es una cuestión de más o menos; es una cuestión de "todo o nada".

El asunto es: "¿Realmente crees que Jesucristo es el único salvador del mundo, el único que puede salvarte ahora mismo, y evitar que te conviertas en lo que no quieres ser?" Esto involucra tus relaciones personales y tu vida familiar, tu vida social y tu vida profesional. Tienes que interpretar esta invitación como un "todo o nada": conviertes efectivamente a Jesús en una parte esencial de todo lo que haces, o ves como tu vida "erra el tiro" (que es la raíz del significado de la palabra "pecado") y se desliza hacia la autodestrucción, la distorsión, la mediocridad y falta de sentido.

La raíz del problema: el pecado original

¿Por qué tenemos que ser tan pesimistas? ¿No somos todos acaso gente básicamente buena? ¿La sociedad no está basada acaso en principios y valores buenos? ¿No hemos aprendido suficiente acerca de nuestra religión? ¿No bastan los Diez Mandamientos para mantenernos en la dirección correcta y vivir una vida razonablemente buena? ¿Por qué tenemos que relacionarnos conscientemente con Jesús e interactuar explícitamente con Jesús en todo lo que hacemos?

La respuesta se encuentra en el concepto de pecado original. Es cierto que la gente es básicamente buena. Dios no nos dio un sistema defectuoso; nuestra naturaleza humana no salió defectuosa de la fábrica. El pecado de Adán no empujó la mano creativa de Dios ni hizo que se deslizara. En lo relativo al trabajo de Dios, fuimos hechos perfectos, según las especificaciones.

Sin embargo, a partir del primer pecado cometido en la tierra, el ambiente humano comenzó a cambiar. Dado que todos los individuos que nacen de la raza humana deben crecer en una determinada sociedad y en una cultura, cuando el ambiente humano comenzó a cambiar, la situación existencial de toda persona nacida en este mundo se alteró desde la raíz.

Somos seres sociales. La familia, la sociedad, la cultura en la que nacemos, influyen radicalmente en nuestras actitudes, valores y conductas. Aún antes de que seamos capaces de entender qué es lo que estamos haciendo, o antes de que podamos tomar decisiones libres, nuestro ambiente ya nos programó para sentir, pensar y actuar de manera particular, tanto buena como mala. Inicialmente, el mundo en el que nacemos le da forma a nuestras actitudes, valores, prioridades y patrones de conducta de una manera que es muy compleja para analizar aquí. Nadie está exempto de estas influencias. Una vez que el pecado entró en el mundo, las buenas influencias de la cultura se mezclaron con las malas.

El pecado original —y el efecto acumulativo de toda decisión humana libre, desde el primer pecado hasta el más reciente— han introducido falsedad y distorsión en el ambiente. El mundo no fue creado malo; la gente no fue creada mala; pero el ambiente en el que nace la gente fue creado, y continúa siendo creado bueno y malo como consecuencia de las acciones libres de seres humanos individuales. Durante siglos y siglos, esas acciones libres han sido tanto buenas como malas. Las buenas acciones de la gente han realzado el ambiente humano y sus malas acciones lo han infectado; y ése es el ambiente en el que se originan y toman forma los temores y los deseos, las suposiciones y los prejuicios, las emociones y las percepciones de todo ser humano nacido en el mundo.

Nuestro intelecto se oscurece por la distorsión de la verdad que predomina en el ambiente. A causa de la distorsión de valores del ambiente, nuestra voluntad se encuentra debilitada por temores y deseos equivocados. Ésta es una característica de nuestro ser, de la existencia humana sobre la tierra. Desde el momento en que hemos sido concebidos en el vientre de nuestra madre, existimos en solidaridad con la raza humana y estamos sujetos a esa influencia.

Al menos en parte, éste es el significado del pecado original. Por eso, a menos que Jesucristo, la única luz verdadera del mundo, vuelva a formar y a crear nuestras percepciones, actitudes y juicios de valor, estamos destinados a vivir y actuar en forma pervertida y destructiva. Únicamente Jesucristo puede mostrarnos sin distorsión cuál es la mejor manera de vivir y cuál es la verdad de acuerdo con la cual hay que vivir; sólo Jesús nos puede conducir a la vida. Por eso, Jesús dijo "Yo soy el camino, la verdad, y la vida. Nadie se acerca al Padre sino por mí" (Juan 14:6).

Sólo a través de la interacción constante y cotidiana con Jesús, Señor del camino y Maestro de vida, podemos liberarnos gradualmente de la oscuridad y de las distorsiones de nuestra cultura, purificar nuestros valores y deseos, dejar de lado los temores y las prioridades programadas en nosotros por la cultura y aprender a vivir la vida en plenitud. Aceptar a Jesús como salvador es justamente buscar esta interacción constante y permanente con Jesús como el camino, la verdad, y la vida.

¿Cuál es el nivel superficial?

"Salvarse" no sólo significa ir al cielo, de la misma manera que "ser santo" es algo más que mantenerse libre de pecado. Ser salvado significa entrar en una vida plena. Podemos "salvarnos" más o menos, de la misma manera en que se puede estar más o menos vivo. Como el joven del evangelio que había cumplido los mandamientos durante toda su vida, debemos preguntarle a Jesús: "¿Qué es lo que me falta todavía?"

Los cristianos reconocen que necesitan a Jesús para ir al cielo, y la mayoría de nosotros pide Su ayuda para enfrentar las tentaciones y los pecados que somos capaces de reconocer. Sin embargo, no pedimos ayuda para enfrentar aquello que percibimos como conducta normal. Una vez que adquirimos una cierta medida de control sobre nuestra vida, lo suficiente como para ser aceptados como individuos maduros y autodisciplinados, que viven de la manera en que todos esperan que vivan, conscientemente puede ser que no sintamos la necesidad cotidiana de interactuar con Jesús. Podemos llegar a pensar que estamos relativamente bien, en la medida en que no hagamos nada que se reconozca como positivamente malo.

Sin embargo, dadas las actitudes y los valores distorsionados con los que crecimos, ¿estamos realmente capacitados para reconocer lo que está mal? ¿Acaso nuestros antepasados reconocieron que la esclavitud estaba mal? ¿O que estaba mal segregar? Volviendo atrás en el tiempo, ¿acaso los cristianos comprendieron que estaba mal quemar a una persona en la hoguera debido a que tenía creencias distintas? ¿Acaso es correcto utilizar la espada para forzar a los pueblos a ponerse de rodillas ante la cruz?

Si lo que estamos haciendo es realmente bueno, ¿cuál es la medida de lo "suficientemente bueno" para alguien que comparte la vida de Dios, que está llamado a vivir al nivel de Dios? Jesús llamó a sus discípulos "la sal de la tierra" y la "luz del mundo". Hasta que no nos destaquemos como tales en las acciones cotidianas y comunes de la vida, no nos habremos salvado completamente.

Necesitamos que nos despierten para ver de qué necesitamos que nos salven. Podemos llegar a vivir durante años sin apreciar el verdadero poder del pecado en nuestra vida, sin saber cuáles son los pecados más destructivos, incluso, sin saber que tenemos pecados. Sin una interacción profunda con Jesucristo podemos aceptar muchas cosas malas como si fuesen buenas, debido a que todos los demás lo hacen.

A menos que nos comparemos constantemente con el ejemplo y los ideales del propio Jesús, inconscientemente aceptaremos el común denominador que utiliza la sociedad en la que vivimos. Cuando hacemos esto, caemos en la creencia complaciente de que, aún cuando no seamos perfectos, estamos viviendo una vida perfectamente buena.

Necesitamos a Jesús como salvador para poder reconocer la diferencia entre oscuridad, semioscuridad y luz.

Si esperamos perseverar en nuestro compromiso, antes de que podamos decidir que Jesús se convierta en un participante activo y redentor en nuestra vida, tenemos que penetrar profundamente en nuestro corazón, ahondar el conocimiento que tenemos de nosotros mismos y poner una base de desesperación vivificante. Tenemos que ver y sentir profundamente la verdad de esta afirmación: a menos que le demos a Jesucristo un papel activo en nuestra vida, todo lo que hagamos se disolverá en destrucción, distorsión, mediocridad y falta de sentido.

Penetrar debajo de la superficie

Algunos de nosotros ya sabemos por experiencia cómo comienza este deslizarse dentro de la oscuridad. Hemos visto matrimonios que comienzan promisorios y terminan de manera desagradable. Nos hemos visto a nosotros mismos haciendo cosas que resultan destructivas para otros y para nosotros —en el trabajo, en nuestra vida social, como ciudadanos, incluso como sacerdotes y como laicos involucrados en un ministerio. Sin la participación de Jesús en todas las áreas de nuestra vida, cualquier cosa que hagamos puede convertirse en algo destructivo.

Incluso cuando nuestra vida no ha sido destructiva, podemos reconocer las distorsiones. Nos damos cuenta de que muchas de las actitudes y puntos de vista que aprendimos a través de la cultura, no son correctas. Vemos que nuestra vida familiar, aunque no sea destructiva, todavía no está equilibrada. Reconocemos en nuestro trabajo un conjunto de prioridades equivocadas, y actitudes en nuestros círculos sociales que no son correctas.

Incluso cuando nuestras actitudes y valores no están claramente distorsionados, a veces sentimos una mediocridad en nuestra vida que nos indica que algo debe de estar mal. Nuestro matrimonio va bien, pero no es tan bueno como podría ser, no es la culminación de nuestro sueño. Nuestro trabajo no nos deja satisfechos al fin del día. Nuestra vida social es superficial. La religión, incluso, no nos da la paz y el gozo que deseamos. Estamos viviendo una vida buena pero insatisfactoria, una existencia común. No le sentimos el gusto a los "frutos del Espíritu Santo" —amor, gozo, y paz— en todo lo que hacemos. No estamos experimentando la vida plena que Jesús vino a darnos.

Finalmente, está el espectro de la falta de sentido, la pregunta que cuelga sobre nuestra cabeza, cada mañana cuando nos levantamos para comenzar un nuevo día: ¿Para qué estoy haciendo esto? ¿Realmente vale la pena? ¿Es esto lo que quiero hacer con mi vida? Aún cuando sabemos que nuestra vida viene de Dios y conduce a la plenitud última en el cielo, e incluso si a veces hacemos cosas buenas para otros o para Dios, a veces dudamos acerca de los tramos intermedios.

No podremos apreciar a Jesucristo como Salvador —como el salvador que vino a ser— hasta que nos convenzamos de la necesidad de darle a Jesucristo un papel activo en todo lo que hacemos. Hasta que no lo hagamos, nuestra vida en la tierra no podrá salvarse de la destrucción, la distorsión, la mediocridad y la falta de sentido.

Un acto de desesperanza vivificante

Para poder entregar nuestra vida a Jesucristo, necesitamos hacer un acto de desesperanza vivificante. Dejamos de tener esperanza en falsos mesías, en cualquier cosa y en todas las cosas (excepto en Jesucristo) que prometen salvar el significado y el valor de nuestra vida en la tierra. Los salvadores falsos son como dioses falsos. Confiar en dioses falsos es idolatría, una violación del Primer Mandamiento: "Yo soy Yavé, tu Dios, el que te sacó de Egipto, país de la esclavitud. No tendrás otros dioses fuera de mí." (Éxodo 20:2-3).

Ésta es la primera tumba en la que tenemos que entrar antes de poder resucitar y volver a vivir. Tenemos que mirar en nuestro corazón y morir a toda esperanza de llegar a lograr una vida plena y llena de sentido basada en la confianza en nosotros mismos. Tenemos que examinar nuestra existencia cotidiana y morir a toda confianza irreflexiva en la manera de vivir que nos enseñaron. Tenemos que renunciar a la seguridad que buscamos a través de la conformidad de nuestra cultura. Tenemos que dejar de confiar en el uso de nuestro talento y nuestra educación, en el poder curativo de ciertas técnicas y grupos de apoyo, en el amor del esposa o la esposa y los hijos, en la aceptación de otras personas, en la gratificante dedicación al servicio de la gente y al éxito.

Perder la esperanza de encontrar satisfacción, paz, felicidad y plenitud a través de algo que no sea Jesucristo, es un acto de desesperanza vivificante. Nos preserva de sucumbir a la influencia de salvadores falsos, de falsos mesías, de falsos dioses, y abre nuestra esperanza en Jesús como salvador.

El acto de fe en Jesús como Salvador

La desesperanza no es suficiente. Lo que nos salva es poner nuestra fe y esperanza en Jesucristo. Abandonamos nuestra esperanza en falsos mesías para volvernos hacia Jesús, con la esperanza centrada en Él. Lo reconocemos con fe profunda y personal como " el único nombre bajo el cielo dado a la raza humana por el cual seremos salvados". Éste es un acto de esperanza vivificante, pero no hay que darlo por hecho.

Cualquiera que sea cristiano profesa que Jesús es "el salvador del mundo", pero para muchos esto significa en la práctica que dependemos de Jesús para ir al cielo. ¿Cuántos cristianos dependen positivamente de Jesucristo para lograr la plenitud en su familia y en su vida social, en los negocios y en la política? ¿Cuántos muestran esta dependencia de una manera real, práctica y observable? ¿Cuántos creen realmente que la interacción con Jesús puede salvar esas áreas de su vida de la destrucción y la distorsión, de la mediocridad y la falta de sentido? ¿Cuántos se vuelven hacia Él con verdadera fe cuando la situación parece desesperada?

Cuando un matrimonio se está separando, ¿cuántos de nosotros realmente cree que la interacción de ambos con Jesús puede salvarlo? Esto no significa solamente rogarle que intervenga; significa volverse hacia Él como pareja unida en la fe e interactuar con Él, utilizando todos los medios que Él nos ha dado —rezar y reflexionar juntos sobre las Escrituras; usar el sacramento de la Reconciliación haciendo el compromiso incondicional de cambiar aquello que, en nuestra vida, resulta un obstáculo para amar; participar en la Misa juntos, incluso diariamente si es posible y necesario— y combinar todo esto con consejeros matrimoniales, terapias de grupo o cualquier otra ayuda humana disponible.

¿Cuántos creen que la interacción con Jesucristo puede cambiar una situación desagradable en el trabajo, puede transformar nuestro ambiente de trabajo o al menos, cambiarlo para nosotros? ¿Cuántos creen que interactuar con Jesucristo puede hacer que una mala relación con otra persona se convierta en buena? ¿O que puede cambiar nuestra actitud para con nosotros mismos? ¿O poner toda nuestra experiencia de vida en un nuevo nivel, gozozo y plenificante?

Creer esto —y actuar en este sentido— es creer en Jesús como salvador. Si creemos únicamente que Jesús nos puede llevar al cielo, pero no creemos que Él puede transformar la manera en que disfrutamos nuestra vida en la tierra, entonces sólo creemos en Jesús como salvador de nuestra alma, no como salvador de todo lo que somos. No es suficiente. No le hace justicia. Jesús no vino a salvar nuestra alma; el vino a salvarnos, a salvar todo lo que nos concierne, todo lo que hacemos, todo lo que somos.

En la práctica: ¿Cómo hacemos esto?

Para darle una participación activa a Jesús en todo lo que hacemos, con ser conscientes de eso ya tenemos ganada la mitad del partido. Jesús no asalta nuestros sentidos como hace alguna gente. Él no asalta nuestros ojos dondequiera que miremos, como los anuncios en las calles de una ciudad. Jesús no perfora nuestros oídos como los comerciales de la televisión o como la radio del vecino que no queremos escuchar. Si queremos prestarle atención a Jesús, tenemos que proveernos de nuestro propio sensor.

Primero, podemos programarnos para recordar. Podemos hacernos el hábito de recordar cada mañana cuando nos levantamos "Quiero darle una parte activa a Jesús en todo lo que haga hoy". Cada vez que vamos a trabajar o manejamos hacia algún lugar, podemos pensar en cómo involucraríamos a Jesús en lo que vamos a hacer, o en cómo lo haría Él. Cuando volvemos a casa desde el trabajo, podemos volver a pensar si hemos sido conscientes o no de su presencia durante el día, y si eso significó alguna diferencia. Antes de irnos a dormir podemos reflexionar sobre los eventos del día y hacer la misma pregunta. Si hacemos esto constantemente, nos daremos cuenta de Su presencia y esto aumentará nuestra consciencia durante el día.

Si los seres humanos han creado un ambiente que ignora la presencia de Dios, podemos estructurar las cosas en nuestro propio ambiente para que nos recuerden a Dios.

Algunas personas ponen la alarma de sus relojes para que suene cada hora y así les recuerde la presencia de Dios. Otros ponen una ilustración en su escritorio o en su lugar de trabajo. Otros ponen un símbolo ante sus ojos, cuyo significado sólo ellos entienden. Algunos tienen el hábito de pensar en Jesucristo cada vez que pasan por una puerta, arrancan su auto, o hablan por teléfono. Hasta que te hagas un hábito, puedes colgar algo del picaporte de tu puerta o de las llaves de tu auto, o poner algo en el teléfono. Algunos tocan canciones religiosas como fondo musical mientras trabajan. Otros, cuando están en su casa, prenden una vela en un cuarto. Otros, ponen un recordatorio en su ropa o en las joyas que usan.

Tú podrías utilizar un gesto que tenga significado sólo para ti, pero que nadie más comprenda: ponerte la mano en el corazón o un dedo sobre los labios mientras escuchas a alguien que habla. Además, tú podrías inclinar la cabeza cada vez que alguien a tu alrededor menciona el nombre de Dios sin respeto o insulta a otra persona. Cuando el lenguaje de una persona demuestra falta de aprecio por aquello que es sagrado conscientemente puedes escuchar eso con Jesús y comprender cómo se siente Él en ese caso.

Nuestros sentidos nos pertenecen. No tenemos control sobre lo que otra gente a la fuerza quiere que nuestros ojos vean o que nuestros oídos escuchen, pero podemos equilibrar las imágenes, palabras y sonidos que son parte de nuestro ambiente, con otros que hacemos nosotros. Podemos darle a Jesús un tiempo equivalente en las transmisiones. Por ejemplo, cuando se escucha un anuncio comercial, tú podrías recordar a Jesús y decir una oración, o comentar con Él lo que acabas de ver en las noticias o en el programa.

¿Es esto suficientemente práctico? ¿Podrías tomar la decisión de ponerlo en práctica? ¿Con qué comenzarías?

Los canales de interacción

Tener consciencia de Jesús no es suficiente; necesitamos interactuar con Él tal como lo hacemos con nuestros amigos. Podemos hacer esto de muchas maneras, a diferentes niveles.

Oraciones por naderías

Una forma de hacer esto es rezar constantemente "oraciones por naderías". Una *oración por una nadería* es rezar por algo que no parece lo bastante importante como para molestar al Todopoderoso con eso. Cuando lo hacemos, tomamos conciencia de que Jesús es nuestro amigo.

Descubrí la oración de poca importancia una tarde en que estaba instalando el techo de un patio. Me apuraba para terminar antes de que se hiciese oscuro, y en mi apuro dejaba caer tachuelas al suelo, donde ya sabía que se quedarían esperando para pinchar las gomas de mi automóvil. Cada vez que dejaba caer una tachuela y bajaba de la escalera para buscarla en la oscuridad creciente, empezaba a decir una oración: "¡Señor, ayúdame a encontrar la tachuela!".

Y eso me fastidiaba. La reacción espontánea de rezar me causaba irritación. Me sentía humillado, degradado de alguna manera porque le estaba pidiendo a Dios que hiciera aquello que yo podía hacer por mí mismo. En un intento por justificar mi irritación me dije "Si mi mejor amigo fuera presidente de Estados Unidos, no lo llamaría para que me solucionara una infracción de estacionamiento". Entonces, se me ocurrió un pensamiento: "No, pero si mi amigo estuviera parado al pie de esta escalera, lo primero que yo hubiera hecho al dejar caer una tachuela sería gritarle '¿Viste dónde cayó?'"

Ahí entendí. Tratar a Jesús como a un amigo en vez de tratarlo como Dios es darle la oportunidad de que sea un amigo. Ésta es una forma de ser más conscientes de Su amistad. Ahora, rezo continuamente, pidiéndole que haga lo que le hubiese pedido a un amigo: "Señor, ayúdame a encontrar estacionamiento", "Muéstrame un buen restaurante", "No me dejes que lo arruine con esta llamada telefónica".

La mayoría de las oraciones por naderías no piden el uso de poderes divinos enormes —sólo un poquito, como cuando pedimos "Señor, haz que tenga luz verde hasta que pueda llegar". Si sabemos que Jesús es nuestro amigo, también le pediremos cosas serias (en ese momento se las pedimos seriamente). Entonces, no es una oración de poca importancia; es una oración de petición. Si es para otra persona, entonces se llama una oración de intercesión.

Oraciones de petición

No tengo acceso a mucha gente importante. Apenas llego a ver a mi médico a veces, mucho menos llego a ver a los personajes del mundo de los negocios y la política. Sin embargo, tengo acceso al Salvador del mundo en todo momento y en cualquier lugar. Todo nosotros tenemos la misma posibilidad, tantas veces como lo deseemos, y durante todo el tiempo que queramos. Todos los problemas de nuestra vida se los podemos presentar personalmente a Jesucristo. Cuando lo hacemos, podemos estar seguros de que nos escuchará con atención y amor. Llevarle nuestra petición a Jesús es una manera de interactuar con Él, que nos ayuda a darnos cuenta de quién es Él para nosotros y qué es lo que Él quiere ser.

Entre los primeros jesuitas, el Beato Peter Faber acostumbraba mirar por la ventana cuando viajaba y rezaba por los trabajadores que veía en los campos, por los niños que jugaban en las calles, por los habitantes de una casa que parecían tranquilos —o por los habitantes de otra casa que no lo parecían. Podemos rezar por los otros conductores que nos molestan en la autopista, por los comerciantes con los que tratamos, por las situaciones que vemos en las noticias, por nuestra familia, por amigos y enemigos. Podemos rezar por mejores viviendas cuando pasamos manejando por barrios pobres, y cuando pasamos por vecindarios ricos podemos rezar para que todos aquellos que viven allí encuentren la paz en el seguimiento de los valores y el ejemplo de Jesús.

Oraciones de consulta

Una de las formas más importantes para interactuar con Jesús consiste en darle participación en toda decisión y en toda acción de nuestra vida, consultándolo por anticipado. Consultarlo no lleva mucho tiempo, a menos que vayamos a tomar una decisión muy importante, lo cual requiere mucha reflexión en plegaria. No tenemos que tomar ninguna decisión sin consultarla con Jesús, pidiéndole su ayuda y preguntándonos qué pensaría Jesús acerca de eso.

La gente que trabaja en equipo hace esto constantemente. Los socios se consultan entre sí, al igual que las parejas casadas. Cuando no tienen tiempo de conversar acerca de una decisión, al menos se preguntan mentalmente cuál sería la opinión del otro. Nosotros, que colaboramos con Jesucristo, nos convertimos mediante el bautismo en parte de Su Cuerpo, fuimos consagrados y nos comprometimos a dar testimonio a través de cada detalle de nuestra vida. ¿Acaso no deberíamos consultarlo antes de tomar una decisión, si es que estamos tratando de avanzar el reino de Dios mediante cada cosa que hacemos?

Ésta es una pieza clave en el proceso de hacer que Jesús participe activamente en todo lo que hacemos. No siempre sabremos cuál es la decisión que Él hubiese tomado, y no siempre tendremos el coraje o el sentimiento para hacer lo que sabemos que Él hubiera hecho; pero por el solo hecho de consultarlo con buena intención, ya significa que le estamos dando un papel activo que gradualmente irá transformando nuestra vida.

La oración más allá de las oraciones

La manera más potente de lograr que Jesús participe en todo lo que hacemos es participar diariamente del misterio de la Misa. Para algunos esto puede no ser posible porque están limitados en tiempo y espacio —recluídos en su casa o atados a horarios inflexibles. Pero si todos aquellos que realmente pueden hacerlo se abrieran para ofrecer a Jesús en la Misa diaria por la redención del mundo, las iglesias no llegarían a contenerlos.

Durante la Misa, Jesús en la cruz se hace presente en nuestro espacio y tiempo, ofreciéndose a Sí Mismo como hizo en el Monte Calvario. Nosotros, que sabemos esto, podemos estar allí unidos a Él, siendo uno con Él, y miembros de Su Cuerpo. Podemos ofrecer este sacrificio por el pecado y el sufrimiento que conocemos, por las necesidades del mundo en el que caminaremos en ese mismo día. No hay mejor manera de crecer en la conciencia de que Jesús es el salvador del mundo que unirse a Él diariamente en el misterio del acto mediante el cual Jesús redimió al mundo.

RESUCITAR A LA VIDA PLENA

Jesús dijo "Yo he venido para que tengan vida y la tengan en plenitud." (Juan 10:10). Cuando abandonamos todo lo que no puede darnos esta plenitud de vida, entramos en la primera tumba.

Entrar en la tumba es el primer paso en la decisión de resucitar y volver a la vida. De manera profunda, personal y firme tomamos la decisión de que realmente creemos en Jesucristo como Salvador de nuestra vida aquí en la tierra y en el cielo también. Tomamos una decisión, basados tanto en la desesperación como en la esperanza: abandono de todo lo que este mundo ofrece como lo mejor; y esperanza por disponer aquí y ahora de todo lo que Jesús promete. Decido que voy a fundamentar mi vida en la relación con Jesucristo como Salvador.

Una relación implica interacción. En la práctica, entonces, esto significa que decidimos y elegimos interactuar con Jesucristo en todas las áreas de nuestra vida—dentro de la familia y en la vida social, en los negocios y la política; en breve, hacemos que Jesucristo sea un participante activo en todo lo que hacemos.

Preguntas para la reflexión y la discusión

1. ¿Hay algún sector de mi vida que necesite ser salvado de la destrucción, la distorsión, la falta de sentido y la mediocridad?
2. ¿Qué efecto pienso que tendría si interactúo con Jesús en esa área, y en todas las áreas y acciones de mi vida?
3. ¿Cuáles acciones concretas y específicas puedo tomar para darle a Jesucristo un papel activo en todo lo que hago? ¿Por dónde debo comenzar? ¿Cómo, cuándo y dónde lo haré?

PASO 2

La decisión de convertirse en discípulo

Morir a las luces y a los maestros inadecuados; resucitar en el discipulado

El segundo paso consiste en tomar la decisión de vivir una vida caracterizada por la reflexión sobre el mensaje de Jesús. Ser un discípulo consiste en esto. Para poder hacerlo, tengo que enterrar la confianza que pongo en las metas y la guía que me propone mi propia cultura. Ésta es la segunda tumba.

Incluso entre cristianos, hay muy pocos discípulos de Jesucristo. La palabra *discípulo* no significa "seguidor" sino "alumno." Para ser discípulos de Jesús debemos ser sus alumnos; es decir, tenemos que estudiar con Él ahora, y hay pocos cristianos que estén haciéndolo.

A menos que estemos realmente (y esto significa activamente) en cierta forma sentados a los pies de Jesús, dedicados activamente a aprender de Él aquí y ahora, en este período particular de nuestra vida, no somos Sus discípulos.

Puede ser que creamos en Él. Puede ser que estemos haciendo lo que aprendimos. Puede ser que estemos cumpliendo todas las leyes y las enseñanzas que recibimos de Él. Puede que hayamos sido Sus discípulos en el pasado; que hayamos estudiado Sus enseñanzas en la escuela, o incluso que tengamos un doctorado en teología. Pero si no estamos sentados a Sus pies y aprendiendo de Él aquí y ahora, en este momento no somos Sus discípulos. Dado que la escuela de Jesús no se termina sino hasta que uno muere, si no somos Sus discípulos significa que hemos abandonado la escuela.

Por eso, muchos cristianos no gozamos de la plenitud de la vida: no elegimos ser los discípulos de Jesús. La decisión de ser un discípulo es simple y concreta. Convertirse en un discípulo de Jesucristo no es complicado. Lo único que hay que hacer es comenzar a aprender. Para ser un estudiante hay que empezar a estudiar.

Un primer paso: familiarizarse con la Biblia

Este primer paso puede llegar a ser tan simple como tomar la decisión de abrir una Biblia y comenzar a leerla. Puedes comenzar por cualquier parte. Yo sugiero comenzar por el Nuevo Testamento. Comienza por el evangelio de San Mateo y luego continúa leyendo.

¿Qué haces si no lo entiendes? Bueno, si no entiendes, entonces tendrás preguntas. Éste es un buen signo, porque entonces buscarás respuestas. Cuando tengas las respuestas, habrás aprendido algo. ¿Ves que fácil es?

"Sí, ¿pero dónde voy a obtener las respuestas?" Esto es simple. Llama a tu parroquia. Si los sacerdotes no están disponibles, muchas parroquias tienen otras personas educadas en el contenido de la Biblia y en teología. Quizá tengas un amigo que estudia la Biblia y que quisiera compartir sus conocimientos contigo.

También podrías formar un grupo de estudio de la Biblia o unirte a uno que ya esté funcionando. Puede ser que tu parroquia ofrezca esa clase de cursos regularmente. Si no es así, pregunta si es posible que tú mismo inicies uno. Llama a una de las oficinas de tu diócesis, alguien tiene que saber dónde se encuentran los grupos de estudio de la Biblia que funcionan cerca de tu casa. Cuando digo que hay pocos discípulos de Jesucristo, incluso entre cristianos, no quiero decir que no haya ninguno. Hay más ahora de los que había antes del Concilio Vaticano II. Tienes que preguntar, y encontrarás que hay varios grupos en el lugar donde vives, probablemente incluso en tu propia parroquia, que se reúnen para leer y discutir la Biblia. Puedes aprender de ellos.

Hay más grupos de estudio entre los protestantes que entre los católicos; pero si vas a un grupo protestante, especialmente si ese grupo se llama "sin denominación", asegúrate de que sea un grupo sólido, con una reputación de ser respetuoso. Es decir, con capacidad para respetar el aprendizaje, el conocimiento y la experiencia espiritual de otras denominaciones. No te unas a los fundamentalistas que ignoran —e incluso condenan— el conocimiento serio, tal vez con la idea de "limitarse a la Biblia exclusivamente". Personas entusiastas, con una aproximación simplista a las cosas, pueden entusiasmarte para que leas las Escrituras. Pueden ponerte en movimiento, aunque también puede hacerlo alguien que grita "fuego" en un cine. Ésa no es la forma más responsable de generar una respuesta. El entusiasmo sin una dirección sólida puede resultar peligroso.

¿Por qué no entendemos la Biblia? Los católicos enseguida dicen que no entienden la Biblia y que no saben cómo rezar con las Escrituras. ¡Ninguno de aquellos que lean este libro debe decir eso otra vez! Con frecuencia, los católicos dicen que no entienden la Biblia porque lo único que conocen de ella son los cuatro pasajes que se leen en la misa dominical: se trata generalmente de una lectura del Antiguo Testamento, seguida de un salmo, después dos lecturas tomadas de los escritos de los apóstoles y de los Evangelios. Esas lecturas se leen una después de la otra, con una breve pausa intermedia.

Nadie que escuche cuatro pasajes breves tomados de varios libros de la Biblia y proclamados uno a continuación del otro en un período de diez minutos puede llegar a entender algo. Sería lo mismo que pretender que la gente entre en un cine, vea una escena de minutos y salga diciendo que entendió la película.

El problema es simple: los católicos no entienden la Biblia porque nunca la han leído. Piensan que no pueden entenderla porque cuando es leída durante la Misa, con frecuencia lo que escuchan los deja confundidos. La solución es simple. Lee la Biblia. Lee cada libro de la Biblia como un libro, no como una colección de dichos sin conexión. Lee la Biblia como una serie de libros que contienen referencias cruzadas, y que no se pueden entender completamente, excepto en relación mutua. Una vez que te familiarizes con la totalidad, podrás entender las partes.

Esto lleva tiempo, ¿no es cierto? Sí. Significa que tendrás que dedicarte a leer, tal como lo hiciste cuando fuiste a la escuela. Significa que, para poder entender lo que se lee en la Misa, tendrás que hacer algo de tarea. Lee las lecturas con anticipación; prepárate para lo que vas a escuchar.

Toma la decisión de ser un discípulo, de convertirte en un alumno de Jesucristo. Ésta es una decisión simple y concreta. No es difícil, ni cuesta nada tomar una Biblia y comenzar a leerla. La pregunta es: ¿qué piensas que vas a obtener con esto?

Las Escrituras son la palabra de Dios. ¿Responde esto a tu pregunta?

Cómo rezar con las Escrituras

¿Por qué dice la gente que "no puede rezar" con las Escrituras? ¿Por qué dice la gente que no sabe cómo rezar, punto?

La primera razón es porque usan la palabra *rezar*. Ésta es una palabra del habla cotidiana que toma un significado distinto en el contexto religioso. Como resultado, ha perdido sentido para nosotros. Esto ocurre siempre.

Por ejemplo, la palabra *discípulo* no es una palabra religiosa. Es una palabra común que significa "alumno" ; pero cuando la usamos en un contexto religioso, nos referimos casi exclusivamente a los discípulos de Jesús y nos olvidamos de lo que significa. De modo que tenemos cristianos que se llaman a sí mismos discípulos de Jesús porque creen en Él, aunque no son para nada sus alumnos.

Hay cristianos que dicen que no pueden rezar cuando, en realidad, se lo pasan pidiendo cosas todo el tiempo —tanto a Dios como a otras personas. Después de todo, la palabra rezar significa "pedir".

Si un personaje en una obra de Shakespeare dice "Te ruego, mujer joven, que vengas conmigo", no hay razón para creer que haya un contenido religioso en la intención del personaje. Pero cuando utilizamos la palabra rezar o rogar, le damos un sentido religioso e inmediatamente asumimos que no sabemos cómo hacerlo.

De modo que, aquí no vamos a hablar acerca de cómo rezar con las Escrituras. Hablaremos de cosas que podemos hacer, como leer, pensar y tomar decisiones. La mejor definición que puedo darles acerca de "rezar con las Escrituras" es leer un pasaje de la Biblia y pensar acerca de eso hasta que uno llega a tomar una decisión sobre algo que realmente puede hacer.

¿Sabes leer?

" Sí"

¿Puedes reflexionar acerca de lo que has leído?

"Sí, pero eso no me conduce a nada, me quedo en blanco".

Bueno, "reflexionar" es un concepto muy abstracto. Puedes formular un montón de preguntas acerca de lo que has leído —tales como, "¿Qué significa? ¿A quién le está hablando Jesús? ¿Por qué dice eso? ¿Por qué debemos hacerlo? ¿Cómo podría hacerlo yo? ¿Cuándo? ¿Dónde? ¿Durante cuánto tiempo? ¿Qué es lo que necesito hacer primero?" ¿Puedes tratar de responder a estas preguntas?

"Sí, puedo; pero no me entusiasman. No me generan ninguna de esas ideas grandiosas que se supone que debo experimentar. Mis respuestas no me conducen a nada".

Bien, aquí está la clave: si parece que tus respuestas no te conducen a ningún lado, no trates de generar ideas grandiosas y considera el aspecto práctico. Pregúntate: "¿Qué puedo hacer para responder a lo que acabo de leer? ¿Qué podría hacer para expresar en acción mi deseo de creer en esto, de tomarlo en serio?"

Cuando respondes a esas preguntas tomando la decisión de hacer algo, entonces has rezado con las Escrituras, y has tenido éxito en tu plegaria.

La palabra de Dios no está destinada solamente a educarnos; está destinada a poner luz en nuestro camino. Jesús se denominó a Sí Mismo no sólo la verdad, sino "el camino, la verdad, y la vida". Esta verdad nos muestra el camino que conduce a la vida. Su escuela no es un bachillerato de preparación académica; es una escuela vocacional, una escuela de conocimientos prácticos. La Biblia es un texto para la acción. Si no leemos la palabra de Dios como una invitación que nos pide una respuesta, nunca llegaremos a entender Sus palabras. Si no leemos la palabra de Dios con la intención de dar una respuesta, entonces nuestro pensamiento no nos conducirá a ningún lugar, porque estaremos pidiendo explicaciones cuando en realidad no pensamos ir a ningún lado. Cuando actuamos de esa manera, perdemos contacto con Jesús. Jesús le habla solamente a aquellos que quieren seguirlo.

Santa Teresa de Ávila, después de explicar a sus monjas de clausura los siete niveles de intimidad con Dios, que van desde el mero tener conocimiento hasta un "matrimonio espiritual," describe varios niveles de oración (oraciones de petición, meditación, contemplación, de quietud, de unión, visiones, hablas, y éxtasis) y dice al final de su libro *La Morada Interior,* "Hijas mías, ésta es la razón para rezar y el propósito de este matrimonio espiritual: dar nacimiento a obras buenas, siempre obras buenas."[1]

Lo importante no es "pensar mucho sino amar mucho", de modo que, en oración, debemos hacer todo aquello que nos conduzca a amar. Santa Teresa repite una y otra vez que amar "no está en el mayor gusto, sino en la mayor determinación de desear contentar en todo a Dios..." El amor se muestra en acción.[2]

Cuando rezamos con las Escrituras, los sentimientos profundos y las grandes ideas cuentan menos que el hecho de encontrar algo a lo cual podamos responder con acciones. Si encontramos eso, habremos rezado bien.

Ésta no es la única manera de rezar con las Escrituras; simplemente es la plegaria del discipulado. Es un método de nivel inicial para meditar en la palabra de Dios. Es concreto y práctico. Se centra en aprender de Jesucristo nuevas actitudes y valores, entendiendo Sus razones y respondiendo con decisiones concretas y prácticas.

Por eso, la decisión que tomemos debe ser algo que realmente podemos llevar a cabo. En esta clase de oración se acepta perfectamente, e incluso se espera, que nuestro corazón se extienda en deseos sin límites, anhelando una perfección total y una unión que está fuera de nuestro alcance. Es bueno pedirle a Dios que nos cambie; pero para asegurarnos de que nuestros pies permanecen en la tierra y de que llegaremos a hacerlo, debemos rezar tomando la decisión de hacer algo concreto, algo que realmente podemos hacer aquí y ahora.

Si no nos sentimos capaces de hacer lo que pensamos que debemos hacer, entonces debemos hacer algo que podemos hacer. Primero debemos dar el primer paso, elegir los recursos que nos ayudarán a lograr el resultado, y concentrarnos en el movimiento hacia adelante. Por ejemplo, si uno no puede abandonar el hábito de utilizar malas palabras, uno puede penalizarse a sí mismo cada vez que dice un insulto. Es mejor prometer una piedra y cumplir que prometer la luna y sólo soñar acerca de la promesa. Cuando Jesús nos urgió a vender todo lo que tenemos para comprar "el tesoro enterrado en un campo", no excluyó el plan de pago. Incluso la "perla de gran valor" se puede poner en reserva para pagarla después.

Rezar con las Escrituras, entonces, significa leer un pasaje de la Biblia y pensar sobre eso hasta que uno toma una decisión acerca de algo que uno realmente puede hacer.

Las palabras clave aquí son *hasta y puede.*

Tomar la decisión de ser un discípulo

Cualquiera puede ser un discípulo de Jesucristo. Todos están invitados. Lo único que hay que hacer es tomar la decisión. Tomar la decisión se reduce a una cosa: dedicarle un poco de tiempo. Si nos decidimos a emplear un poco de tiempo para aprender de Jesucristo, estamos eligiendo ser Sus discípulos. Si no tomamos la decisión de dedicarle tiempo, entonces no elegimos ser sus discípulos. Es así de simple.

Aunque la cantidad de tiempo que inviertes está relacionada con el hecho de convertirse en un discípulo, en realidad el discipulado no se mide en horas sino en la seriedad con que lo tomas. Aprender de Jesús es más un asunto de mantener una preocupación constante que de emplear un determinado número de horas. De una u otra manera, los discípulos de Jesucristo

---

[1]*El Castillo Interior*, "La séptima morada", número 6, en *The Collected Works of St. Teresa de Avila*, traducido por Kavanaugh y Rodríguez (Washington, D. C.: ICS Publications 1980), p. 446.

[2]*Ibid.*, "La cuarta morada", número 7, p. 319

siempre reflexionan sobre Sus palabras, practican las respuestas que Él pide, cultivan las actitudes que Él enseña, ponen en práctica los valores que Él ejemplifica y tratan de alcanzar las metas que Él propone.

En tanto nuestra vida no se caracterice por la reflexión en Sus palabras y Su ejemplo, no seremos discípulos auténticos y plenos de Jesús. Un discípulo es alguien que está aprendiendo siempre, y que siempre está aplicando lo que ha aprendido para aprender más. Un discípulo automáticamente, espontáneamente, inconscientemente incluso, piensa con los pensamientos y las imágenes de Jesús, habla con el vocabulario de Jesús, ve todo a través de los ojos de Jesús, juzga todo a la luz de Sus enseñanzas y compara todas las cosas con Su ejemplo.

Los discípulos de Jesús están tan repletos de las palabras y las imágenes de las Escrituras que, en todo lo que ellos hacen y dicen, su cristianismo resulta evidente para la gente que los rodea. Después de un tiempo, sus amigos se dan cuenta de que, en cualquier situación, los discípulos van a reaccionar basados en los principios que aprendieron del ejemplo y las palabras de Jesús. Con frecuencia, los discípulos hacen eso sin mencionar a Jesús explícitamente. Más que referirse a Jesús, ellos lo reflejan.

Para que el discipulado permee y caracterize de esta manera la vida de uno, es necesario pasar por períodos fijos de estudio formal. No es necesario que sea un estudio académico, aunque seguramente se le dedicará tiempo a la lectura, a escuchar grabaciones o disertantes, a reflexionar, a meditar y a rezar, a participar de la liturgia, a auto-evaluarse, a hacer "informes de actividades" y a obtener consejo a través del sacramento de la reconciliación o en la dirección espiritual. Algunas personas tienen más tiempo que otras para hacer esto, y durante algunos períodos de nuestra vida tenemos que dedicarle más tiempo que en otros. Una cosa es segura: para ser discípulos tenemos que emplear tiempo suficiente como para poder decir con confianza que estamos estudiando seriamente las palabras y el ejemplo de Jesucristo, que somos Sus verdaderos alumnos. Si no encontramos tiempo para dedicarle, entonces tendremos que examinar cuidadosamente cuáles son nuestras prioridades.

Revisar el fundamento

Si no podemos darnos tiempo para ser discípulos, tendremos que volver atrás y considerar nuevamente el "acto de desesperación vivificante" que le dio fundamento a nuestra decisión de convertirnos en cristianos. ¿Es Jesús algo accesorio en nuestra vida? ¿Podemos subsistir sin Él? ¿Podemos seguir adelante sin conocer realmente cuáles son Sus enseñanzas en toda su amplitud? ¿Acaso los Diez Mandamientos nos dicen todo lo que necesitamos saber? Si es así, ¿qué creemos acerca de Jesús, como maestro?

Si no empleamos tiempo para aprender acerca de Jesús, ¿a qué nivel vamos a interactuar con Él? ¿Cuán productiva va a resultar nuestra relación con Él? Si no empleamos tiempo en aprender de Él, ¿de qué manera podrá Jesús, como luz del mundo, salvarnos de la oscuridad contagiosa de la cultura en nuestra familia y nuestra vida social, en nuestra ocupación y en la política? Si no escuchamos lo que Él tiene para decir, contemplamos lo que Él hace, reflexionamos en lo que Él enseña, ¿de qué manera va a poder salvar nuestra vida de la destrucción y la distorsión, de la mediocridad y la falta de sentido? ¿Lo hará por arte de magia?

La segunda tumba: morir a las luces que nos ciegan

De modo que, para ser un discípulo tenemos que entrar en una segunda tumba y resucitar. Debemos morir a cualquier cosa que nos distraiga de darle tiempo y atención al aprendizaje acerca de Jesucristo. Aquello que nos distrae puede ser trabajo, pueden ser las diversiones, puede ser una dedicación demasiado absorbente a otro campo de estudio, puede ser simplemente haraganería o inercia. Sea como fuere, si queremos vivir, tendremos que morir a nuestra obsesión.

En última instancia, tenemos que morir a la confianza que ponemos en las luces y la guía que ofrece este mundo. Tenemos que morir a cualquier presunción de que podremos encontrar plenitud y felicidad viviendo como todos los demás viven, adoptando las metas que todos los demás adoptan y las actitudes que todos los demás aceptan, siguiendo las prioridades que todos los demás siguen. Tenemos que aprender con toda seriedad una nueva manera de vivir.

Esto es lo que nos libera para ser discípulos. Lo primero que tenemos que considerar es cómo empleamos el tiempo.

En los Diez Mandamientos Dios prescribió un día semanal de descanso, el Sabbath. Este mandamiento contiene un procedimiento pedagógico; su propósito es enseñar algo al pueblo de Dios. De acuerdo con los rabinos, el propósito del Sabbath es enseñarnos que los seres humanos somos distintos del resto de la creación. Todas las demás cosas que existen en el universo adquieren razón de ser según lo que contribuyen al funcionamiento del planeta. Por ese motivo, ninguna otra cosa en la naturaleza "descansa" a menos que haya una razón para descansar o porque no hay una razón para trabajar. El sol sale todos los días, la hierba crece y los animales cazan para obtener comida, a menos que estén cansados o satisfechos.

Pero a los humanos se les dice que descansen un día a la semana, haya o no trabajo para hacer, estén cansados o no, aunque no haya ninguna razón para descansar o aunque no les guste hacerlo. El propósito del día de descanso es decirnos que la razón de la existencia humana no se encuentra en lo que los humanos contribuimos al funcionamiento del planeta con nuestro trabajo. El trabajo es un elemento importante de la vida humana, pero no es el único propósito de la vida. Tenemos una relación directa e inmediata con Dios. Hemos sido hechos para Dios. Existimos para Dios. Debido a ese solo hecho, nuestra vida tiene un valor absoluto, aunque no contribuyamos en nada al bienestar del planeta.

Para hacerse entender, Dios le dijo a Su pueblo que un día por semana debían dejar de trabajar —es decir, no debían hacer nada que habrían hecho porque debían terminarlo (sin contar las emergencias, por supuesto). Eso es lo que significa trabajar: es algo que hacemos, que no es simplemente para divertirnos. Mediante la observancia del Sabbath, la gente iba a expresar y experimentar el hecho de que los seres humanos existen no sólo para hacer cosas, sino a causa de su relación con Dios.

Cuando estamos tan absortos por el trabajo y por las obligaciones que no encontramos tiempo para el discipulado, no encontramos tiempo para cultivar el conocimiento y el amor de Dios a través de nuestra relación con Jesucristo, no tenemos tiempo para aprender de la palabra de Dios, entonces perdemos aquello para lo que la Ley del Sabbath fue establecida, sin tener en cuenta lo que hacemos o no hacemos los domingos. Cuando no tenemos tiempo de descanso para ocuparnos de Dios (y un viaje corto a la Misa del domingo no es tiempo de descanso), perdemos la lección de la observancia del Sabbath y no cumplimos el mandamiento "Santificar el Domingo".

Algunas personas no son libres para santificar el Sabbath. Los esclavos, por ejemplo, no son libres. Hoy muchas personas sienten que son esclavos de un sistema económico que les exige trabajar sin respiro. Muchos negocios están abiertos los domingos. Mucha gente trabaja en dos empleos. Mucha gente que tiene un solo trabajo tiene también otras responsabilidades, tales como la familia, que parecen ocuparle cada minuto de su tiempo, todos los días de la semana. Aquellos que están atrapados en esa clase de situación deben juzgar por sí mismos si realmente son libres. Si no son libres, entonces no son culpables de violar la Ley del Sabbath. Pero aunque no sean culpables, a menos que hagan algo para compensarlo, perderán aquello para lo que fue creada la observancia del Sabbath, y ésa es una pérdida grave.

Cuando realmente somos libres para tomar el descanso que pide la observancia del Sabbath, pero nuestras prioridades nos impiden cumplir con este mandamiento, tenemos que preguntarnos seriamente si acaso hay algo que no funciona en nuestro sistema direccional. Puede ser que estemos viviendo con las metas equivocadas. Puede ser que estemos gastando toda nuestra energía sólo para darnos cuenta de que estamos yendo en la dirección equivocada.

Para dar el segundo paso en dirección a la plenitud de la vida, entonces, tenemos que morir al presupuesto que aquello que la mayoría de la gente *piensa* que es importante, *será* importante. Tenemos que morir a la idea definida por nuestra cultura de que el éxito es importante, o que el prestigio y el estatus que podemos lograr en este mundo a través de la riqueza y el éxito tienen valor. Tenemos que arrojar dentro de la tumba, junto con nosotros, muchas metas falsas (que, en realidad, son dioses falsos), y tenemos que resucitar de la tumba sin ellos. Tenemos que morir a las cosas que consumen nuestro tiempo y dedicar energía a cultivar nuestra relación con el Único que nos da tiempo precisamente para ese propósito: que podamos cultivar una relación con Él.

Para nosotros "tiempo" y "vida" son términos equivalentes. El tiempo comienza para nosotros cuando comienza nuestra vida, y cuando nuestra vida se termina, eso marca el fin de nuestro tiempo. Aquello en lo que empleamos nuestro tiempo es aquello en lo que ocupamos nuestra vida. Cuando nuestro tiempo se acaba, nuestra vida en la tierra también se acaba, la gastamos. La clase de vida que tendremos después, dependerá de aquello en lo que hayamos empleado nuestro tiempo, de qué manera lo hemos invertido.

No se trata solamente de una inversión a largo plazo. Aquello en lo que ocupamos nuestro tiempo ahora determina la clase de vida que tenemos en este momento. Dios nos entrega nuestro tiempo por el mismo motivo que nos entrega la vida. Son uno y el mismo regalo. De modo que, si decimos que "no tenemos tiempo" para emplear en aprender a conocer y amar a Dios, estamos diciendo que no hemos recibido la vida con ese propósito, lo cual es un grave error.

La verdad es que hemos sido creados para conocer a Dios, para amar a Dios y para servirlo en esta tierra y para estar unidos a Él en gozo perfecto, para siempre. Por este motivo tenemos tiempo, porque ésa es la razón por la cual hemos recibido la vida. Si no le dedicamos tiempo al discipulado, no aprenderemos suficiente acerca de Dios como para amarlo de la manera en que debemos hacerlo, y no sabremos como servirlo en la forma en que Él desea ser servido. Ésa es una buena razón para convertirse en discípulo.

Si queremos entrar en la vida, entonces, el segundo paso es tomar la decisión de vivir una vida caracterizada por la reflexión sobre el mensaje de Jesús. Ésta es la decisión de convertirse en discípulo.

Preguntas para reflexionar y discutir

En mi circunstancia, ¿que significaría para mí vivir una vida "caracterizada por la reflexión sobre el mensaje de Jesús"? ¿Cómo sería eso? ¿De qué manera se manifestaría?

1. ¿Qué es lo que realmente me impide leer las Escrituras todos los días? ¿Cuál es la respuesta a este dilema?

2. ¿Cuál área de mi vida podría beneficiarse si aprendo más sobre las actitudes, los valores y las promesas de Jesús?

3. ¿Cuáles acciones concretas y específicas puedo tomar para convertirme en discípulo de Jesucristo? ¿Cómo, cuándo y dónde voy a comenzar?

3

PASO

La decisión de convertirse en profeta

Morir al conformismo social; resucitar para convertirse en testigo profético

El tercer paso es decidir que todo en mi vida y estilo de vida dé testimonio a Jesucristo. Esto es lo que significa decir que acepto mi compromiso bautismal como profeta. Para hacer esto debo morir al temor de quedarme solo a causa de mis decisiones personales. Ésta es la tercera tumba.

Un profeta cristiano no es alguien que predice el futuro, sino alguien que lo crea. Los profetas conducen la Iglesia al futuro, encarnando el futuro en sus propias vidas. Las acciones de los profetas son muestras encarnadas de un nuevo nivel de moralidad, una nueva expresión de gracia, una nueva respuesta a las necesidades de nuestros tiempos.

El problema de ser profeta es que a nadie le gusta estar solo, ni siquiera ante el tribunal silencioso de nuestro propio corazón. No nos gusta tener la responsabilidad de tomar grandes decisiones morales nosotros solos. Preferimos ponerlas a juicio de un comité.

La manera más fácil y común de hacerlo es sencillamente seguir a la multitud. Esto se llama conformismo cultural o social. La segunda forma, más religiosa, es renunciar a juicios personales en favor de la observancia de la ley. Esto se llama legalismo. Si queremos ser profetas tenemos que romper con el conformismo cultural e ir más allá de la observancia de la ley. En ambos casos, renunciamos al sentido de seguridad que encontramos estando entre la gente y aceptamos el reto de estar solos. Fuimos consagrados en el Bautismo para hacerlo.

¿Qué es ser profeta?

En general, un profeta es todo aquel que profesa la verdad de Dios públicamente. Ejercitamos nuestra consagración bautismal como profetas cada vez que hacemos la señal de la cruz en público, entramos en una iglesia o hacemos una genuflexión ante el tabernáculo. Estamos viviendo nuestro compromiso de profetas cuando defendemos la verdad o ponemos en práctica las enseñanzas de Jesús. Cualquier acto de testimonio cristiano es un acto de profecía, de profesión de fe en Jesucristo. Ser un testigo y ser un profeta son una y la misma cosa.

Sin embargo, en forma más particular, un profeta cristiano es alguien que toma los principios generales del evangelio y los aplica creativamente a las circunstancias concretas de un determinado tiempo y lugar.

Jesús rara vez puso reglas; más bien, enseñó principios. Aristóteles define un principio como "aquello de lo que algo empieza." Un principio moral es una declaración de la cual empieza una reflexión moral. Por ejemplo, Jesús nos da un principio cuando dice, "Ámense unos a otros como yo los he amado" (Juan 15;12). No podemos nada más ir y hacerlo; tenemos que pensar qué significa en la práctica. Tenemos que hacer juicios: ¿Quién es mi prójimo? ¿Qué significa amar a esa persona en particular, aquí y ahora como Jesús me ha amado?

Un principio requiere que pensemos, que decidamos por nosotros mismos lo que estas palabras nos llaman a hacer en la realidad práctica y con-creta de nuestra propia vida. El principio nos da un punto de partida, pero antes de actuar tenemos que llegar a nuestra propia conclusión.

Una ley, por otra parte, nos hace pensar que no tenemos que hacer ningún juicio. Una ley nos dice exactamente qué hacer. Podemos decir que la reflexión moral empieza con principios y termina (para una comunidad, por lo menos) con leyes. El espacio intermedio es para los profetas.[1]

El testimonio profético es con frecuencia una muestra anticipada de la ley. Por ejemplo, el principio "Ámense unos a otros como yo los he amado" no fue lo bastante específico como para decir a los cristianos que la segregación racial es pecado. Por mil ochocientos años ni siquiera nos dijo que la esclavitud era un pecado. Por lo tanto, cuando los profetas se levantaron en Alabama y Mississippi en los años cincuenta en contra de la segregación apoyados en el evangelio, en ausencia de leyes adecuadas se basaron en un principio. Pero debido a su testimonio, la Iglesia reconoció que la segregación era un efecto de no poner en práctica la enseñanza de Jesús a la realidad concreta de la situación en el sur. Por lo tanto, la Iglesia oficialmente abolió la segregación en las iglesias —y convirtió la profecía en ley.

Entre el principio y la ley se levantaron los profetas. Si no hubieran ido mentalmente más allá de las leyes —y no lo hubieran expresado mediante sus acciones— el principio que Jesús nos dió de amar como Él ama no se habría aplicado a la situación racial en Estados Unidos. No se hubiera encarnado en acción o en ley.

Antes de que los principios del evangelio puedan convertirse en leyes, tienen que ser encarnados en testimonio cristiano. Los profetas crean el futuro.

Las leyes no escritas

La palabra ley puede significar más que reglas explícitas. Leyes no escritas gobiernan mucho de lo que se hace en una cultura.

Las leyes más peligrosas son las que no están escritas pues con su ausencia proclaman que algo es permisible aunque no lo sea. Hubo una ley no escrita —una práctica común cristiana— que decía que la esclavitud era permisible aunque en realidad no lo era. Otra ley no escrita —la aceptación silenciosa de la segregación por parte de los cristianos— nos dijo que la discriminación racial era permisible aunque no lo era. Lo que la Iglesia no nos dice tiene tanta influencia en nuestra vida como lo que nos dice.

La voz que rompe este silencio —la única voz que puede romperlo— es la voz de los profetas. Las voces oficiales de la Iglesia, los párrocos, los obispos, la jerarquía, son voces de autoridad estabilizadora y no de profecía reveladora. Los oficiales de la Iglesia tienen la comisión y el cargo de ser voces públicas, no privadas. Hablan por lo que ya ha sido aceptado, autorizado o visto con suficiente claridad y se ha autorizado y legislado en la comunidad. Es injusto esperar que la voz de la autoridad pública sea la voz de la inspiración privada.

[1]Hacer solamente aquello que la ley dice es la práctica normal, pero no es realmente la forma cristiana de observar leyes. Nada exime a los cristianos de pensar. Los cristianos deben hacer juicios personales de todo, aplicando la ley a la realidad de que se trate, y preguntando si la observancia literal de la ley en esa situación particular dará el resultado que el legislador intenta y desea.

Sin embargo, las voces oficiales muchas veces son proféticas. Cuando los obispos y los párrocos hablan, no sólo como maestros oficiales de la doctrina y ley aprobada sino también como sacerdotes ordenados del evangelio, frecuentemente hablan como profetas. Después reciben, tanto de parte de la Iglesia como del mundo, "una recompensa de profeta": resistencia, rechazo y persecución. En tales ocasiones, la mayoría de las veces esos cristianos que hablaron más abiertamente sobre la necesidad de obedecer y observar la ley en la Iglesia, se unen en una sola fuerza para luego volverse violentamente en contra de la autoridad que antes idolatraban.

Cómo convertirnos en profetas

Teológicamente, ningún cristiano tiene que convertirse en profeta; todos fuimos transformados en profetas (fuimos consagrados y autorizados a ser profetas) al ser ungidos con el santo crisma en el Bautismo.

Pero lo que somos y lo que hacemos no va de acuerdo. No nos convertimos totalmente en lo que somos hasta que lo que hacemos concuerda con lo que somos. No participamos en la realidad de nuestra consagración de profetas hasta que conscientemente reconocemos y aceptamos a nivel personal nuestro compromiso a dar testimonio profético.

¿Qué significa esto concretamente? ¿Cuándo estamos en verdad —personalmente y en la práctica— comprometidos a ser profetas? Es bueno decir, "¡Me comprometo a recibir intuiciones proféticas!" pero eso no quiere decir que las recibiremos. También podemos comprometernos al trabajo de un profeta, que es aplicar creativamente las enseñanzas abstractas generales de Jesús a las circunstancias concretas de nuestro propio tiempo y lugar. ¿Sabremos cómo aplicarlas? ¿Veremos cómo se aplican?

Al explicar el compromiso profético, damos por hecho que ya se han tomado los dos primeros pasos para llegar a la plenitud de la vida cristiana, es decir, que ya estamos comprometidos a ser cristianos y discípulos.

Un profeta actúa como el Cuerpo de Cristo, la Palabra de Dios hecha carne. En el profeta, las palabras de Jesús se encarnan activamente. Esto significa que para ser profetas debemos estar comprometidos a hacer a Jesucristo parte de todo lo que hacemos. Y para ser profetas debemos ser discípulos. No podemos esperar averiguar cómo se aplican las palabras de Jesús a nuestro tiempo y lugar, a menos que conozcamos esas palabras. No podemos aplicar el evangelio a nuestra vida a menos que estudiemos el evangelio. Pero suponiendo que ya hemos hecho los dos primeros compromisos, el compromiso a ser profeta se divide en dos decisiones concretas más, que realmente son una sola.

Cambiar la pregunta moral

Entramos en la vida del testimonio profético el día en que cambiamos nuestra norma de moralidad. El profeta es aquel que decide *no preguntarse más solamente si algo es bueno o malo, sino más bien, si da testimonio de Jesucristo.*

En *Esplendor de la Verdad*, Juan Pablo II escribió: "Seguir a Cristo es por tanto el fundamento esencial y primordial de la moralidad cristiana [...] las palabras de Jesús y su forma de actuar, sus hechos y sus preceptos, constituyen la regla moral de la vida cristiana." Y en su discurso del Día de la Paz Mundial del primero de enero de 1993, dijo: "El ejemplo de Jesús, no menos que sus palabras, es normativo para los cristianos."[2] Tomadas seriamente, estas palabras revolucionarían la teología moral. El profeta las toma seriamente.

El profeta no se pregunta, "¿Es malo hablar así, vestir así, gastar dinero así, invertir tiempo en esto?" El profeta pregunta, "¿Da testimonio de los valores que Jesucristo enseñó si hablo así,

---

[2]*Esplendor De La Verdad,* #19-20,; *Origins [Orígenes]* 22/28, Dic. 29, 1992.

visto así, invierto tiempo o dinero en esto?"

Quien observa la ley se pregunta, "¿Es malo si no invito a esa persona a la fiesta?" El profeta respondería: "Ésa no es la pregunta correcta. La pregunta debe ser, ¿Da testimonio de Jesucristo si no invito a esa persona a la fiesta?"

Quien observa la ley pregunta, "¿Es malo si estoy de acuerdo con la política del lugar donde trabajo?" Un profeta respondería: "no es suficiente verlo de esa manera. Pregúntate más bien, ¿da testimonio de Jesucristo si acepto seguir esa política?"

No simplifiquemos demasiado

Estas preguntas no son simples. No siempre damos testimonio auténtico de Jesucristo haciendo lo que es más idealista —aunque usualmente dejamos de dar testimonio cuando no hacemos nada. Jesús dijo que debemos ser "precavidos como la serpiente, pero sencillos como la paloma." (Mateo 10:16). Ser sencillo no significa ser simplista. Usualmente hay muchos factores que debemos considerar al tomar una decisión moral concreta. El profeta debe pesarlos todos. No es una tarea fácil.

Cuando una decisión es tan simple que resulta fácil de tomar, casi siempre ya hay una ley tocante a ella. Estamos hablando aquí del territorio más allá de la ley, donde el camino está sin marcar y sólo tenemos una dirección muy general para seguir adelante. Los que observan la ley se guían por lo que marcan los Diez Mandamientos; el curso de ellos es mantenerse dentro de los límites. Los profetas se guían por la estrella fija que es Jesucristo; su curso es dirigir sus vidas hacia Él. Ellos deben navegar.

El compromiso a ser profetas no es comprometernos a encontrar las respuestas correctas, sino a hacer las preguntas correctas.

El profeta aprende a discernir la verdad tratando y fallando. Muchas veces tememos ser profetas porque tenemos miedo de cometer errores. Tememos tomar decisiones personales que no sabemos si están bien o mal, aún después de haberlas tomado. Por eso el profeta debe morir al temor, empezando por el temor a equivocarse.

Un compromiso a la conversión continua

Decidir ser profeta incluye un segundo compromiso, que es el compromiso a la conversión continua.

Dado que la palabra *conversión* se ha vuelto una palabra religiosa, podemos suponer que ha perdido su significado original. Si nos comprometemos ahora mismo a una "continua conversión de vida," ¿A qué nos estamos comprometiendo? ¿Qué es lo que en realidad vamos a hacer? Si dentro de un año nos preguntamos, ¿Estoy ahora más convertido a Jesús que el año pasado? ¿Sabríamos la respuesta?

"No lo sé." "Tal vez." "Supongo que sí." "Ojalá."

Así que cambiemos la palabra y usemos una palabra verdadera. Supongamos que nos comprometemos hoy a "cambiar continuamente." Supongamos que cada uno de nosotros estamos ante Jesucristo y decimos, "Señor, te prometo que haré cambios continuamente en mi estilo de vida. No sé cuántos; No sé con cuánta frecuencia, pero empezaré a hacer cambios y seguiré haciéndolos." Si después de un año nos preguntamos qué cambios hemos hecho, cada uno de nosotros sabrá exactamente qué decir. Habrá cambios concretos que mencionar o no los habrá.

Éste es el compromiso que nos hace profetas. El compromiso a la conversión continua, a cambios constantes en el estilo de vida y conducta, nos dice qué es lo que haremos. El compromiso a dar testimonio nos dice cómo lo haremos. Si nos comprometemos a seguir cambiando, evaluaremos todo en nuestra vida y estilo de vida a la luz de cómo da testimonio de la enseñanza y ejemplo de Jesucristo.

El compromiso a seguir cambiando nos pone en movimiento; el compromiso a dar testimonio nos da dirección. Asumiendo que practicamos el discipulado, juntos garantizan que descubriremos formas nuevas y creativas de aplicar el evangelio a la vida, que recibiremos intuición profética.

Para ser profetas debemos entonces empezar a ver sistemáticamente cada elemento y expresión de nuestro estilo de vida, preguntándonos: "¿Cómo da esto — o podría dar — testimonio de la enseñanza de Jesucristo? Debemos ver cómo invertimos nuestro tiempo, cómo gastamos nuestro dinero, qué comemos y bebemos, cómo hablamos a la gente en nuestra casa y en el trabajo, cómo nos vestimos, y cómo conducimos. Debemos ver las políticas que establecemos o seguimos en nuestra profesión, las metas que perseguimos y los medios que usamos para conseguirlas. Debemos empezar a reformar, a reordenar nuestra vida de acuerdo al patrón enseñado y modelado por Jesús en los evangelios.

¿Estás listo a hacer este compromiso? Si no es así, cambia entonces la pregunta. Pregúntate, "¿Estoy dispuesto a hacer este compromiso? Si no decides hacerlo, Jesús nos da tres razones que podrían decirte la causa.[3]

El camino muy recorrido

Jesús dijo (Mateo 13) que la primera razón por la cual la semilla de su palabra no crece en nuestro corazón es que cae sobre el 'camino' del conformismo social. Cuando las enseñanzas del evangelio contradicen lo que todos hacen, esas enseñanzas no se nos graban siquiera. Nuestra tendencia es dar por seguro que lo que "todos" hacen (especialmente si son personas que van a la iglesia) es lo que Jesús enseña. Interpretamos lo que Cristo dice por lo que hacen los cristianos, en vez de medir lo que hacen los cristianos por lo que Cristo dice.

"Ustedes los reconocerán por sus frutos." (Mateo 7:16) dice Jesús. Sin embargo, si empezamos con la idea errónea de que la fruta más común en el mercado es buena fruta, no tenemos una norma por la cual juzgar. Al comer el fruto del cristianismo mediocre irreflexivamente, perdemos nuestro gusto por el llamado radical del evangelio. Descartamos cualquier llamado radical de Cristo que está cayendo aquí y ahora en los oídos de cristianos que se niegan a oirlo.

Debemos romper con un azadón de pico el "camino muy recorrido" del conformismo social. Debemos perder la esperanza de alcanzar satisfacción si dejamos que nuestra vida siga su curso, si dejamos que siga el curso que la sociedad, incluyendo nuestra 'sociedad cristiana,' nos presenta. En lugar de eso, debemos decidir darle a Jesucristo como Salvador un papel activo en cada área de nuestra vida. Éste es un rompimiento radical con la cultura y es la verdadera decisión para ser un cristiano.

El terreno rocoso

La segunda razón por la cual la semilla no crece es que cae en terreno rocoso, sin profundidad. Las raíces no se arraigan. Esto es lo que pasa cuando no reflexionamos en las palabras de Jesús lo suficiente como para tomar decisiones; cuando no pensamos sobre su enseñanza hasta que nuestros pensamientos nos llevan a tomar decisiones; en otras palabras, cuando nuestra respuesta se queda corta.

Nada es realmente parte de nosotros hasta que lo hacemos nuestro mediante decisiones. Ninguna verdad está arraigada en nuestra alma hasta que respondemos a ella con decisiones libres. Comprometernos a una vida de reflexión y respuesta al evangelio es convertirnos en *discípulos*. Esto es lo que da a nuestra alma profundidad y permite que la semilla de Dios crezca.

La semilla entre las espinas

Jesús señaló un tercer obstáculo para el crecimiento de su palabra en nuestro corazón: En terreno desatendido las hierbas y los espinos asfixian la planta tan pronto empieza a brotar. Para dejar que la palabra de Dios crezca y dé fruto en nosotros, necesitamos desyerbar el jardín. Debemos librarlo

---

[3]Tomados de la parábola del sembrador, Mateo 13:1-23. Desarrollados en mi libro *His Word [Su Palabra]* (St. Anthony Messenger Press, 1986; reimpreso por His Way Communications, 1995).

de todo lo que esté en conflicto con los ideales, metas, actitudes y valores de Jesús, porque esos obstáculos bloquean nuestra vista.

Desyerbar significa atacar deliberadamente esos deseos y temores que nos ciegan —incluyendo los que creemos que no nos estorban en nada. No nos damos cuenta de lo sucio que están nuestros anteojos hasta que los limpiamos. La forma más rápida de hacerlo es comprometernos a cambiar continuamente. Primero, prometemos a Dios cambiar y luego empezamos a hacerlo; en el proceso descubrimos qué necesita ser cambiado en nuestra vida. Nos comprometemos al *qué* y eso nos permitirá ver el *cómo*.

Empezamos a hacer cambios para intentar lograr que cada elemento visible en nuestro estilo de vida exprese las actitudes y valores de Jesús. Entonces empezamos a ver.

Esto significa actuar. Significa hacer decisiones físicas concretas. Significa aplicar prácticamente el evangelio a nuestra vida real. Significa hacer que nuestra vida concuerde con el evangelio en vez de adaptar el evangelio a nuestra vida.

Esto es la religión encarnada; religión que puede verse, oirse, gustarse y sentirse. Esto es lo que significa ser profeta.

Los faros de un automóvil iluminan el camino hasta una distancia de trescientos pies. Si no movemos el auto nunca veremos más allá de trescientos pies. La vida es igual: Si queremos ver tenemos que movernos. Si queremos recibir intuiciones proféticas tenemos que ponernos en marcha.

Si leemos el evangelio y lo admiramos pero no tomamos ninguna acción sobre lo que vemos, no veremos ninguna otra cosa. Pero si nos comprometemos a cambiar, a avanzar aunque la luz esté bloqueada, descubriremos cuáles obstáculos obscurecen nuestra visión. Si nos comprometemos a seguir adelante y por lo tanto a quitar los obstáculos para poder seguir avanzando, empezaremos a ver más y más y más.

Cuando estemos haciendo todo lo que podamos como discípulos para conocer la verdad de Jesús, el obstáculo para recibir intuiciones proféticas estará en el corazón y no en la cabeza. La claridad de la mente se obscurece por los apegos del corazón. Pero si purificamos nuestro corazón haciendo que nuestra conducta esté de acuerdo al evangelio, entonces "veremos y entenderemos." Jesús prometió, "Felices los de corazón limpio, porque verán a Dios." (Mateo 5:8).

Ésta es la clave para el testimonio profético.

La tercera tumba: morir al temor y al deseo

Para vivir nuestra consagración bautismal de profetas, debemos morir a todo deseo que sea un estorbo para el crecimiento de la semilla de Dios en nuestro corazón. Debemos morir a todo lo que nos priva de vivir la vida de Dios en su plenitud. Debemos hacerlo aunque los demás se preocupen o no por hacerlo. Debemos estar dispuestos a quedarnos solos.

Para hacer esto debemos entrar en la tercera tumba. Debemos morir al temor de estar solos. Debemos morir a nuestro temor de tomar decisiones personales arriesgadas. Debemos morir al conformismo social y a nuestra necesidad de aprobación y el apoyo de la gente.

La manera de morir a los temores y deseos es simplemente ir en su contra. Las emociones no se acaban. No podemos quedarnos paralizados hasta dejar de sentir temor por lo que sabemos que no nos causará daño, o hasta que dejemos de sentir deseo por lo que sabemos que no nos dará satisfacción. Si esperamos hasta dejar de temer y desear, esperaremos hasta la muerte. Pero si decidimos morir a nuestros temores y deseos y actuamos como si no existieran, quedaremos en libertad para vivir.

La forma de hacerlo es sencilla: hay que hacerlo y es todo. Venimos ante Jesucristo y le prometemos que empezaremos a hacer cambios en nuestra vida, y que los haremos, no preguntando si algo es bueno o malo, sino preguntando cómo hacer para que cada decisión y elemento en nuestro estilo de vida dé testimonio de la verdad que Jesús enseña y a los valores que Él proclama.

Podemos ser sistemáticos si queremos:

empecemos por revisar nuestro cuarto, nuestra casa, nuestro lugar de trabajo, viendo lo que hay y preguntando cómo da testimonio del mensaje de Jesucristo y qué expresa de nuestra respuesta a la Buena Nueva. Podemos analizar cómo gastamos nuestro dinero, nuestro tiempo; cómo escojemos nuestros amigos, nuestros libros, nuestros carros, nuestra ropa, comida y bebida. Si hacemos esto con libertad, más como pasatiempo que como tarea, puede resultar agradable y hasta intrigante. Aprenderemos mucho sobre el alcance total del aprecio que Dios tiene por el mundo. Descubriremos cómo las cosas que aparentemente no tienen ningún valor religioso, son, en realidad, testimonio del amor de Dios por el mundo y por nosotros, que usamos y disfrutamos su creación.

Encontraríamos también tal vez que se nos invita a tener una generosidad más grande de lo que nunca hubiéramos imaginado —y que respondemos a esa invitación con gran gozo. Podríamos experimentar que estamos viviendo la "vida en su plenitud." La clave no es hacerlo como obligación que nos haga sentirnos culpables, sino como un proyecto voluntario que aspira a que demos una respuesta más rica, más completa a Jesucristo.

No tenemos que ser heróicos. No tenemos que hacerlo todo de una vez. Sólo tenemos que empezar. Hacer esto es vivir nuestra consagración bautismal de profetas.

Preguntas para la reflexión y la discusión

1. ¿Qué hay en mi estilo de vida —es decir, en la forma en que vivo, trabajo, juego, y tomo parte en moldear la sociedad— que demuestre que creo en Jesucristo?
2. ¿Qué experiencia he tenido de ir más allá de las leyes —o ver a otros ir más allá de las leyes— para aplicar los principios de Jesús a situaciones concretas aquí y ahora?
3. ¿Qué sería diferente en mi vida si cada vez que tomara una decisión me preguntara: ¿Qué testimonio dará esto de mi fe en Jesucristo?
4. ¿Qué acciones concretas y específicas puedo tomar para empezar a hacer en forma sistemática que todo en mi vida y mi estilo de vida dé testimonio de la enseñanza y valores de Jesús? ¿Cómo, cuándo y dónde lo haré?

PASO

La decisión de convertirse en sacerdote

Morir a la práctica de una religión privada y resucitar para ejercer un ministerio

El cuarto paso es decidir transmitir la vida de Dios a los demás. Esto es lo que significa decir que acepto mi compromiso bautismal como sacerdote. Para hacerlo, debo morir al temor de manifestar mi verdadero yo a los demás. Ésta es la cuarta tumba.

Muchos de nosotros crecimos pensando que la religión es el medio para llegar al cielo. Veíamos la religión como el modo de vivir una vida buena, ser buenas personas o agradar a Dios.

El ministerio era para los llamados a ser ministros: los sacerdotes, monjas, diáconos, misioneros laicos, laicos profesionales en el trabajo de la iglesia, y laicos que podían dedicar parte de su tiempo a las actividades parroquiales: ministros de la eucaristía, miembros del consejo pastoral, o visitar enfermos.

Tal vez nunca hayamos pensado que fuimos consagrados y que tenemos un compromiso permanente al ministerio de la iglesia en virtud de nuestro Bautismo. Si es así, quizá nunca hemos reflexionado realmente sobre las palabras pronunciadas durante nuestro Bautismo, al ser ungidos con el santo crisma: "Dios, Padre de nuestro Señor Jesucristo que te ha librado del pecado, y te ha dado nueva vida por el agua y el Espíritu Santo, te unje ahora con el crisma de la salvación, así como Cristo fue ungido Sacerdote, Profeta y Rey, para que, incorporado a su pueblo santo, vivas siempre como un miembro de su cuerpo, compartiendo la vida eterna."

Dios nos ungió sacerdotes. Las palabras "Cristo, " "el Ungido," fueron tomadas de la palabra *Crisma*. Por el Bautismo nos hicimos miembros de Cristo el Ungido. Como miembros de Cristo compartimos su unción de Profeta, Sacerdote y Rey. Por esta unción hemos sido consagrados, autorizados y comprometidos a la misión de Jesús como profetas, sacerdotes y administradores de su reino. Ésta es la "descripción de trabajo" del cristiano.

Hemos visto lo que significa ser profeta. Ahora debemos ver lo que significa ser sacerdote y participar por el Bautismo en el sacerdocio de Jesús. Aceptar este sacerdocio, al cual fuimos consagrados en el Bautismo es el cuarto paso necesario para tener vida en su plenitud.

Morir al egocentrismo; resucitar a la vida en comunidad

El sacerdocio sólo puede entenderse en el contexto y aceptación de comunidad. Los que reciben el sacramento de Órdenes Sacerdotales no son ordenados para su beneficio personal privado. Son ordenados para servir a la comunidad; únicamente para servir a la comunidad. Ser ordenado sacerdote es ser ordenado a servir, a ministrar, a lavar piés y a estar disponible en amor.

Esto es verdad de todo sacerdocio. Así fue el sacerdocio de Jesús, que es ahora el único sacerdocio. Jesús no vino a ser servido "sino a servir y dar su vida como rescate por una muchedumbre." (Mateo 20:28). Por tanto, esto es el sacerdocio: servir y morir, entregándonos por la vida del mundo. Todos los bautizados en Cristo son bautizados en este sacerdocio de Cristo. Ser bautizado es ser consagrado a ministrar, a servir, a morir a nosotros mismos para vivir totalmente para Dios y los demás en amor. Es aceptar la dimensión comunitaria de nuestra religión y entregarnos para ser quebrados y comidos como pan para vida del mundo. Jesús nos dice a nosotros lo mismo que le dijo a Pedro: "¿me quieres? [...] Apacienta mis ovejas." (Juan 21:17).

Entonces, para poder desempeñar nuestro compromiso bautismal como sacerdotes, debemos morir a cualquier noción que tengamos de la religión como asunto privado. Para ser cristianos auténticos debemos aceptar nuestra relación con Dios como una relación comunitaria. Debemos morir a la idea de que podemos presentarnos ante Dios como individuos privados sin ninguna responsabilidad por el resto de la comunidad, por el resto de la raza humana.

La religión no ha sido asunto privado desde que Dios le dijo a Caín, "¿Dónde está tu hermano, Abel?" y Caín cometió el error de contestar, "No lo sé; soy acaso el guardián de mi hermano?"

Para los judíos y los cristianos, la religión no ha sido asunto privado desde que Dios hizo un pacto con Israel; desde que Jesús confió su mensaje a una comunidad, y junto con el Padre, derramó el Espíritu Santo sobre una asamblea y no un individuo solamente.[1]

La religión no ha sido asunto privado para ninguno de nosotros desde el día en que fuimos ungidos sacerdotes por el Bautismo. El sacerdocio es ministerio dentro de una comunidad, y el día de nuestro Bautismo fuimos consagrados sacerdotes para ministrar dentro de la comunidad de la Iglesia.

Seamos un medio para la vida de Dios

Ministrar como sacerdotes es *transmitir la vida de Dios a otros en amor.* Esto suena exaltado. ¿Pero qué significa en realidad?

¿Qué hizo Dios cuando vino a ser nuestro sacerdote? Se encarnó. Jesús es el Verbo hecho carne. Es la expresión encarnada de la verdad, del amor de Dios. Como tal, dio vida al mundo.

Si aceptamos el sacerdocio al que fuimos consagrados y comprometidos por el Bautismo, nos comprometemos a hacer exactamente lo mismo: dejar que la gracia que está dentro de nosotros se encarne en expresión física. Nos dedicamos a ser la expresión encarnada de la verdad divina y el amor de Dios, para dar vida al mundo.

En resumen, nos dedicamos a *expresar* nuestra fe, a expresar nuestra esperanza, a expresar nuestro amor, en formas que dan vida a la comunidad de fe y a cada individuo que conocemos. Cuando expresamos físicamente con palabras y gestos la verdad invisible que hay en nuestra mente por fe, usamos nuestra humanidad para transmitir la verdad a los demás. Cuando la palabra de fe invisible en nuestra mente se vuelve una palabra hablada de testimonio en nuestros labios, nuestro cuerpo se vuelve el medio por el cual la verdad divina de Dios se transmite a los demás.

Las palabras espirituales que Dios habla en

[1]La palabra *iglesia -ekklesia* en griego- significa "asamblea."

nuestro corazón toman cuerpo cuando las pronunciamos con nuestros labios. Hacer esto es dejar que nuestra humanidad, nuestro cuerpo físicos, sea el medio para comunicar la verdad de Dios a los demás. Convertirnos en el medio por el cual la verdad de Jesús se transmite a los demás; es convertirnos en el medio por el cual Él da su vida a los demás. Esto es transmitir vida en amor. Esto es sacerdocio. Lo mismo es cierto de cualquier forma en que expresamos el amor de Dios por los demás. Cuando expresamos nuestro amor sexualmente al esposo o la esposa, o lo expresamos a otros en formas no sexuales; cuando cuidamos a los enfermos, ayudamos a los pobres, mostramos compasión por los afligidos, o simplemente sonreímos a la gente para quien trabajamos, o que trabaja para nosotros, en todo esto, transmitimos a los demás el amor de Dios al permitir que se encarne en nuestras acciones. Esto es sacerdocio.

Expresarnos es la clave del sacerdocio, con la condición de que estemos conscientes de que el yo que expresamos sea el yo unido a Jesucristo, el yo en gracia, el yo divino que somos, porque somos uno con Jesucristo, miembros de su cuerpo y templos de su Espíritu. Ser un sacerdote es dedicar nuestra humanidad a ser la expresión de Dios.

La cuarta tumba: morir al temor de expresarnos

¿Por qué no expresamos lo que tenemos dentro de nosotros? ¿Por qué no decimos algo a la gente cuando vemos que está deprimida? ¿Por qué no rompemos el hielo y sonreímos a alguien o le decimos algo personal? ¿Por qué no damos un cumplido cada vez que vemos algo bueno en alguien?

¿Por qué nos arrodillamos en la parte de atrás de la iglesia durante la liturgia, como si no fuéramos parte del equipo de ministros? ¿Por qué tomamos el lugar más alejado de los demás que podemos, en vez de orar hombro a hombro como comunidad? Hay un tiempo para orar solos. Para eso, Jesus dijo que entráramos en nuestro cuarto y cerráramos la puerta para orar al Padre en privado. Pero si tratamos de hacer la Misa ese tipo de oración, no participamos auténticamente en la Misa, y tampoco estamos auténticamente solos. Falsificamos ambas clases de oración.

¿Por qué tenemos tanta renuencia de hablar de nuestra religión, de nuestra oración, de nuestras experiencias espirituales? ¿Por qué tenemos tanto temor de orar con otros, hasta con nuestros mejores amigos o familia? ¿Por qué sentimos verguenza de orar en voz alta, o en nuestras propias palabras?

De hecho, ¿por qué no cantamos en la iglesia, o por lo menos cantamos las respuestas de la congregación junto con los demás durante la liturgia como si estuviéramos (y estamos) *celebrando*, en vez de absorberla solamente? ¿Por qué no participamos como parte activa de lo que está ocurriendo? ¿Por qué no tomamos responsabilidad del impacto total que la liturgia tiene tanto en nosotros como en los demás?

¿Será tal vez porque estamos allí, no para servir sino para ser servidos? ¿Por qué pensamos que los sacerdotes ordenados están allí para ministrar y nosotros para que se nos ministre? ¿Será porque no nos damos de cuenta de que los laicos son sacerdotes? Cuando estamos en la Misa, ¿pensamos que el sacerdote puede realizarla sin nosotros? Sí, el puede hacer que la acción esencial de la Misa tome lugar esté alguien presente o no. Pero aún así, lo hace en nombre de toda la Iglesia y toda la Iglesia habla a través de él.

El sacerdote ordenado no puede hacer que la Misa sea para la congregación lo que debe ser, y que la congregación haga lo que debe hacer, a menos que todos los miembros de la congregación realicen su ministerio participando total, activa, y conscientemente para que la Misa sea y pueda ser experimentada por todos como lo que es en realidad.

San Pablo describe la liturgia como esfuerzo comunitario, algo que la comunidad entera ayuda a crear.

> Cuando ustedes se reúnan unos pueden cantar salmos, otros pueden enseñar, o comunicar lo que Dios les haya revelado, o hablar en lenguas extrañas, [...] Y cuando se hable en lenguas extrañas que lo hagan dos personas o tres cuando más[...] Igualmente, si se trata de comunicar mensajes de parte de Dios, que hablen dos o tres, y que los otros consideren lo que se haya dicho. Pero si Dios le revela algo a otra persona que está allí sentada, entonces el primero debe dejar de hablar. De esta manera todos, cada uno en su turno correspondiente, podrán comunicar mensajes de parte de Dios, para que todos aprendan y se animen.

Esta descripción de lo que la gente hace en la iglesia puede parecernos extraña, pero es consistente con la enseñanza de Pablo sobre la unción que recibimos en el Bautismo. A todos los ungidos se les otorgan dones de ministerio para servir como profetas, sacerdotes, reyes y administradores del reino de Cristo, por la efusión del Espíritu Santo:

> Cada individuo recibe la manifestación del Espíritu para algún beneficio [...] la expresión de sabiduría [...] la expresión de conocimiento [...] fe [...] dones de sanación [...] milagros [...] profecía [...] discernimiento de espíritus [...] lenguas [...] interpretación de lenguas. Pero el único y mismo Espíritu los produce todos, distribuyéndolos individualmente a cada uno como mejor le parece (ver 1 Corintios 12:7-11).

El modo en que nuestra participación comunitaria se expresa en la liturgia puede cambiar con el tiempo; pero esa participación creativa y activa en la liturgia y en la vida de la Iglesia es fundamental; sobre esa verdad se construye la liturgia.

La Iglesia que San Pablo nos enseña a ser es una Iglesia en la que hay muchas clases de ministerio; pero todos somos ministros. Sobre todos se derrama el Espíritu Santo y todos compartimos los dones del Espíritu con otros en un ministerio común para "construir el cuerpo de Cristo" en amor. Hay apóstoles y profetas, maestros y obradores de milagros, sanadores y ayudantes, administradores y líderes, los que hablan en lenguas y los que interpretan lenguas (ver 1 Corintios 12:27-31). Y hay muchos otros dones y ministerios que Pablo no menciona. Pero todos recibimos dones del Espíritu y todos somos llamados a compartir esos dones en el ministerio.

Ésta es la ley de la vida para los que viven por el Espíritu: *compartir en* es *compartir con*. En el Cuerpo de Cristo no hay una religión puramente privada, personal o individual. Todos reciben vida, aumentan en vida y dan vida a través del funcionamiento del Cuerpo entero y de cada uno de sus miembros.

La Misa es la oración de la Iglesia y la Iglesia es una comunidad de sacerdotes. Jesús ha hecho de nosotros "un reino y una raza de sacerdotes de Dios, su Padre." (Apocalipsis 1:6). Todos somos "piedras vivas" que hemos de formar "un Templo espitual, una comunidad santa de sacerdotes que ofrecen sacrficios agradables a Dios por medio de Cristo Jesús." (1 Pedro 2:5).

Si estamos conscientes de nuestro sacerdocio en la Misa, probablemente lo estemos también fuera de la Misa. Lo que hacemos en la Misa, lo que expresamos y experimentamos allí tiene mucho que ver con el modo en que nos vemos a nosotros mismos y nos expresamos como cristianos en el trabajo y en la casa, en nuestra vida social y actividades cívicas. Si estamos conscientes en la Misa de que estamos allí para ministrar y servir a los demás, podremos ver más fácilmente todo lo que hacemos como ministerio y servicio sacerdotal. Tendremos una conciencia más clara de que en todo lo que hacemos, somos llamados a ofrecer nuestro cuerpo —y ofrecer gracia, encarnada y expresada en nuestro cuerpo— para la vida del mundo.

Cuando nos damos cuenta completa de nuestra presencia como ministros en la Misa y de servir en la Misa como sacerdotes, también estaremos presentes a los demás como ministros fuera de la Misa, y serviremos a los demás como sacerdotes. Seremos un medio para dar la vida divina a los demás al dejar que la luz de Dios, el amor de Dios, se exprese en y a través de palabras y acciones humanas.

Para esto nos dio Dios el Espíritu Santo en el Bautismo, "Así prepara a los suyos para las obras del ministerio en vista de la construcción del cuerpo de Cristo; hasta que todos alcancemos [...] esa madurez que no es menos que la plenitud de Cristo. [...] Él hace que el cuerpo crezca, con una red de articulaciones que le dan armonía y firmeza, tomando en cuenta y valorizando las capacidades de cada uno. Y así el cuerpo se va construyendo en el amor." (Efesios 4:11-16).

Muriendo al temor; resucitando al ministerio

Un sacerdote es aquel que ha aceptado el ministerio de comunicar la vida de Dios a los demás. Y cada cristiano es consagrado a este sacerdocio por el Bautismo. Entonces, ¿por qué no ministramos constantemente para "hacer crecer y desarrollar el cuerpo de Cristo" en amor?

Cualquiera que sean las excusas que demos para no expresar nuestra devoción religiosa ante los demás, la razón fundamental es el temor. A este temor debemos 'dar muerte'; el temor a darnos a conocer a los demás; el temor a la desnudez. Lo que tememos no siempre es que nos vean como somos. Quizá tememos que nos vean como no somos; que nos consideren "raros".

Tenemos temor de que si expresamos lo que tenemos en lo profundo de nuestro ser, no nos expresaremos debidamente, no será lo que sentimos, no nos entenderán, o simplemente no será aceptado por la gente con quien estemos. Tal vez temamos que algo en nuestro interior será profanado si los demás no lo aprecian. Incluso Jesús dijo que no debemos echar perlas a quienes no sepan apreciarlas (ver Mateo 7:6).

A veces sencillamente tememos ser identificados con la clase de gente cuyo emocionalismo religioso nos disgusta. Alguna gente nos ha querido imponer su religión y no queremos dar la impresión de que estamos haciendo lo mismo.

Si usted se identifica con lo que se acaba de decir, no corre peligro de pecar de exceso al darse a conocer. Los que están muy conscientes del precipicio rara vez caen en él. Los que se preocupan de caer en el sentimentalismo o emocionalismo, nunca lo hacen.

La desnudez de Dios

Si fueran válidas las razones que damos para no darnos a conocer, Dios no se hubiera encarnado en Jesús. Dios sabía que si revelaba su verdadero yo a la raza humana, sus actitudes y valores serían mal entendidos y rechazados. Sabía que *Él* sería incomprendido y rechazado.

Dios sabía también que la autoexpresión humana, incluso mediante la humanidad de Jesús, no podría empezar a mostrar siquiera la divina verdad y belleza de su persona. Si nos abstenemos de revelar nuestro yo más íntimo y profundo por temor a ser profanados, si no nos aprecian debidamente, ¿qué habría sentido Dios ante la perspectiva de dejar que la verdad más profunda de su ser, el Verbo, la segunda Persona de la Trinidad, apareciera dentro de las limitaciones del cuerpo humano ante los ojos de la raza humana?

¿Es mucho pedir, como lo hizo San Pablo, que tengamos la misma mente, la misma actitud "que hay en Jesucristo"?

> Aunque era de naturaleza divina, no insistió en ser igual a Dios, sino que hizo a un lado lo que le era propio, y tomando naturaleza de siervo nació como hombre Y al presentarse como hombre se humilló a sí mismo [...] (ver Filipenses 2:5-8)

Si Dios no tuvo temor de tomar el riesgo de revelarse en Jesucristo, el Verbo de Dios hecho carne, ¿debemos nosotros temer revelar mediante nuestra expresión humana, las palabras que Dios habla en nuestro corazón?

El cuarto paso es entonces el compromiso a transmitir la vida de Dios a los demás al dejar que la luz y el amor de Dios que están dentro de nosotros se expresen en y a través de nuestras acciones humanas. Para hacer esto debemos morir al temor de expresarnos. Debemos morir a cualquier deseo que tengamos de guardar nuestra religión como si fuera un asunto privado entre Dios y nosotros. Debemos comprometernos al ministerio de dar a conocer nuestro yo, que fue el ministerio del Verbo hecho carne.

Si entramos en esta cuarta tumba, podemos resucitar libres para compartir con otros la luz y el amor de Dios que están dentro de nosotros. Podemos dejar que nuestro cuerpo humano sea aquello para lo cual fue consagrado en el Bautismo: el Cuerpo de Cristo transmitiendo la vida de Dios a los demás, su cuerpo entregado para la vida del mundo. Esto es sacerdocio. Es morir al yo para poder vivir totalmente para Dios y los demás en amor. Se encarna en la expresión de nosotros mismos. Y somos llamados a esto. Si somos obedientes, este llamado puede llevarnos "hasta a la muerte, aun a una muerte en la cruz."

Preguntas para la reflexión y la discusión

1. ¿Por qué necesito servir a los demás para poder ser auténticamente cristiano? ¿Significa eso que debo tomar parte activa en lo que hace la comunidad cristiana?

2. Específicamente, ¿por qué necesito expresar mi fe, mi esperanza y mi amor por los demás para ser cristiano? ¿Por qué no puedo guardar mi religión entre Dios y yo solamente?

3. ¿Por qué tengo tanto temor de expresar mis pensamientos y mis sentimientos respecto a Dios? Por ejemplo, ¿me molesta orar en voz alta con otros?, ¿orar en mis propias palabras?, ¿compartir con otros mis pensamientos sobre un pasaje de las Escrituras?, ¿hablar de mi experiencia de Dios?

4. ¿Qué puedo hacer para vivir a la altura de mi consagración bautismal como sacerdote? ¿Cómo puedo transmitir la vida de Dios a los demás dando expresión física a la verdad divina, al amor divino que hay en mí? Concreta y específicamente, ¿cómo, cuándo y dónde lo haré?

PASO

La decisión de convertirse en administrador del reino de Dios

Morir a la falta de compromiso; resucitar para tomar responsabilidad del Reino

El quinto paso es decidir hacerme responsable, como administrador del reino de Dios, por la transformación del mundo. Esto es lo que significa aceptar mi consagración bautismal como rey. Para hacer esto, debo morir a cualquier sentimiento de desesperanza o desaliento sobre la influencia que puedo tener en el mundo. Ésta es la quinta tumba.

Según las Sagradas Escrituras, la primera predicación de Jesús fue: "El reino de Dios está cerca." Su última acción fue entregarnos a nosotros la responsabilidad de establecerlo.

Jesús empezó su carrera pública proclamando; "El tiempo se ha cumplido, el Reino de Dios está cerca. Cambien sus caminos y crean en la Buena Nueva." (Marcos 1:15).

Cuando Jesús se puso de pie para leer en la sinagoga en Nazaret, su pueblo natal, escogió el siguiente texto:

> "El Espíritu del Señor está sobre mí. Él me ha ungido para llevar buenas nuevas a los pobres, para anunciar la libertad a los cautivos y a los ciegos que pronto van a ver, para despedir libres a los oprimidos y proclamar el año de gracia del Señor." Jesús entonces enrolló el libro, lo devolvió al ayudante y se sentó, mientras todos los presentes tenían los ojos fijos en Él. Y empezó a decirles: "Hoy les llegan noticias de cómo se cumplen estas palabras proféticas." (Lucas 4:18-21)

Y todavía sigue cumpliéndose. Para poder entender a Jesús, debemos entenderlo como un Mesías que trabaja. Y nosotros tenemos que trabajar con Él. Lo último que hizo antes de ascender al cielo fue entregarnos su misión a nosotros:

> "Jesús se acercó y les habló así: 'me ha sido dada toda autoridad en el Cielo y en la tierra. Vayan, pues, y hagan que todos los pueblos sean mis discípulos. Bautícenlos en el Nombre del Padre y del Hijo y del Espíritu Santo, y enséñenles a cumplir todo lo que yo les he encomendado a ustedes. Yo estoy con ustedes todos los días hasta el fin de la historia'." (Mateo 28:18-20)

El quinto paso para tener vida en su plenitud es tomar la responsabilidad de llevar a cabo este mandato.

Religión sin religiosidad

Hacer "discípulos de todas las naciones [...] enseñándolos a obedecer todo lo que yo les he mandado" no quiere decir solamente enseñar el catecismo a todo el mundo. Quiere decir penetrar cada área de la vida y actividad humana con los principios, valores, actitudes y prioridades que Jesús modeló y enseñó.

Quiere decir transformar todo lo que la gente hace en esta tierra (en la vida familiar y social, en los negocios y la política) trayéndolo bajo el reino vivificante de Cristo.

Esto no es con el fin de imponer cierta clase de regla religiosa restrictiva sobre toda actividad natural de la vida en este mundo. No significa falsificar la naturaleza de los negocios y la política, de la educación y la vida familiar, dirigiéndolos a un fin artificial "religioso" en lugar de su fin y propósito natural. No significa, sobre todo, poner a la Iglesia a cargo de cosas de las que no tiene que estar a cargo.

Lo que sí significa para los cristianos es llevar la luz y el amor de Cristo a todo lo que la gente hace en la tierra para hacer cada actividad en que estén envueltos, más auténtica y totalmente fiel a lo que debía ser en primer lugar — y más aún.

La gracia puede elevar toda actividad humana a un nivel más alto, al nivel mismo de la actividad fructífera de Dios. Gracia significa compartir la vida divina de Dios a través de la unión con Jesucristo; nos hace divinos a nosotros y hace divino todo lo que hacemos. Los que aceptan ser el Cuerpo de Cristo, por gracia escuchan un eco de las palabras que Elizabeth dijo a María: "Bendito es el fruto de tu vida." Lo que hacemos en unión con Jesucristo tendrá valor para siempre.

Pero la gracia no destruye nunca la naturaleza. Jesús dijo lo siguiente con respecto a la ley que Dios dio a su pueblo escogido por medio de Moisés: "No crean que he venido a suprimir la Ley o los Profetas. He venido, no para deshacer cosa alguna, sino para llevarla a la forma perfecta." (Mateo 5:17). Dice también esto de cualquier empresa o acto humano transformado por la gracia. Los cristianos, obrando en unión con Dios por la gracia, respetan la integridad de todo aquello con lo que tratan; dejan intacta la naturaleza. Dios el Redentor no obra en contradicción a Dios el Creador.

Para transformar y renovar la sociedad por la gracia, lo primero que los cristianos deben hacer es reconocer y respetar el objetivo verdadero y natural de lo que intentan transformar. Los negocios deben transformarse en mejores negocios, no en "obras de caridad". La educación debe transformarse en mejor educación, no en estudio bíblico glorificado. La política debe transformarse en mejor política, no en sirviente de políticas eclesiásticas. Y la vida social, para ser cristiana, debe parecerse más a las bodas de Caná que a un picnic de puritanos. Cuando la madre de Jesús le dijo, "No tienen más vino," Él no contestó, "¡Qué bueno; deberían estar tomando limonada!" No, Él sirvió vino y lo sirvió en abundancia. Él dejó la fiesta de boda como fiesta de boda, pero la transformó.

Los negocios cristianos se caracterizarán por la excelencia y por el amor. La educación cristiana enseñará a la gente a pensar y a pensar en Dios. La política cristiana fomentará el bien común de la gente y será el bien verdadero de todos. La recreación cristiana se transformará y la presencia no explícita de Jesús embriagará a la gente con algo más que vino.

Cuando los obispos del Vaticano II quisieron "explicar a todos" cómo entendían ellos, como miembros del Consejo, la presencia y actividad de la Iglesia en el mundo de hoy, empezaron por decir:

> Las alegrías y las esperanzas, las penas y las ansiedades de la gente de esta era, especialmente las de los pobres o los afligidos de algún modo, también son las alegrías y las esperanzas, las penas y las ansiedades de los seguidores de Cristo. Ciertamente, nada genuinamente humano deja de hacer eco en

sus corazones, porque [la Iglesia] es una comunidad de seres humanos.[1]

Jesús se presentó en forma muy similar ante los ciudadanos de su pueblo natal. "Él me ha enviado a traer la buena nueva a los pobres, a proclamar la libertad a los cautivos, a devolver la vista a los que no ven y a liberar a los oprimidos."

San Pablo nos dice que el plan de Dios para "la plenitud de los tiempos" es unir todas las cosas bajo el mando de Cristo, tanto en los cielos como en la tierra (Ver Efesios 1:9-10). Jesús no vino a separar la vida humana en actividades "religiosas" y "seculares," en valores "eternos" y "temporales", en preocupación por lo de este mundo y lo del mundo futuro. Más bien, Jesús vino a unirlo todo, a unir nuestros puntos de vista y nuestras metas, a unir todo lo que hacemos en un propósito motriz único que nos mueve en la vida: establecer el reino de Dios en la tierra. Jesús nos envía a que mejoremos todo en la vida familiar y social, en los negocios y en la política, uniendo cada área y actividad humana bajo el reino vivificante de Cristo.

Dios conoce el valor de todo lo que hacemos en la tierra. Conoce nuestras necesidades; puso en nosotros nuestras aspiraciones y deseos humanos. Jesús dijo, "Busquen primero el reino de Dios y su justicia" (en todo lo que hagan) "y todas estas cosas se les darán por añadidura."

Esto es pureza de corazón, tener un propósito único; es religión sin religiosidad. Esto es lo que significa ser administrador del reino de Cristo.

El compromiso de ser administrador

La pregunta es, ¿quiero ser parte de esta obra? ¿Quiero dedicarme, dedicar mi vida a establecer el reino de Dios en la tierra?

Lo que hay que notar aquí es que no se trata de cambiar de trabajo o quitar tiempo de lo que hago para hacer otra cosa. El reino se Dios no se establece mediante proyectos o llevando a cabo "actividades apostólicas" extras. Más bien, convertimos en actividades apostólicas todo lo que hacemos. Establecemos el reino de Dios haciendo lo que ya estamos haciendo, pero haciéndolo con un solo propósito en mente: unir todo en el cielo y en la tierra en armonía bajo el mando de Cristo.

La palabra clave es responsabilidad. Un administrador es alguien que tiene la responsabilidad; no es solamente un trabajador. El administrador está a cargo; tiene que responder por lo que se haga o no se haga, Esto es lo que significa ser el responsable.

Al hacernos uno con Jesús en el Bautismo, nos hicimos responsables de unir todas las cosas en la tierra bajo el reino de Dios. Somos responsables de todo. No somos cabezas de departamento o subadministradores. Reinamos junto con Cristo. Somos administradores de Cristo Rey. Somos responsables de todo lo que Él es responsable. Si al ir al trabajo pasamos por viviendas sub-estándar, reconocemos que tenemos la responsabilidad de hacer lo que podamos para mejorarlas. Las viviendas sub-estándar no pertenecen en el reino de Dios.

Si vemos un bote de cerveza vacío en la calle, somos responsables de recogerlo; si alguien tirara un bote de cerveza vacío en nuestro patio, lo recogeríamos. La calle es el patio de nuestro Padre. Pero ser responsables por todo no quiere decir que tengamos que hacerlo todo. Eso es imposible. Si tratáramos de recoger todos los botes de cerveza vacíos de la calle no tendríamos tiempo para ninguna otra cosa y descuidaríamos cosas más importantes por las que somos responsables. Debemos decidir con prudencia cómo usar nuestro tiempo. Tenemos que ser selectivos. Debemos hacernos responsables de tomar decisiones prudentes.

El administrador de una tienda es responsable por todo lo que hay en ella. Si un día el administrador entrara en la tienda y viera al mismo

---

[1]Constitución Pastoral de la Iglesia en el Mundo Moderno (Gaudium et Spes), adaptado de la traducción de Walter Abbot, *Los Documentos del Vaticano II* (American Press, 1966), p. 198.

tiempo que un hombre está robando un artículo del anaquel, una señora se está desmayando en el corredor, un foco está fundido y que una pared necesita pintarse, lo primero que el administrador debe hacer es tomar una decisión. Para esto se basará en un orden de prioridades.

En ese ejemplo, probablemente el administrador ayudaría primero a la señora que se está desmayando mientras que le grita al guardia de seguridad que detenga al ladrón. La siguiente prioridad sería probablemente el foco, y es posible que no alcanzara a pintar la pared. Si el supervisor viniera y preguntara por la pared, el administrador sería responsable de responder por eso, pero su respuesta muy bien podría ser: "Sé que la pared necesita pintarse. En este momento no tengo el tiempo ni el dinero para hacerlo. Ya veré qué puedo hacer sobre eso más adelante."

Ésa sería una respuesta responsable. Un administrador es responsable por todo; pero no puede hacerlo todo personalmente. Para ser responsables debemos tomar decisiones prudentes sobre lo que realmente podemos hacer.

Como administradores del reino de Cristo, aceptamos la responsibilidad de renovar todo sobre la tierra. Pero no podemos hacerlo todo nosotros mismos. Por lo tanto, hacemos juicios prudentes sobre cómo y cuándo invertir nuestro tiempo y energías, y oramos por todo lo que vemos y no podemos hacer. Nos consideramos parte de lo que otra gente está haciendo para establecer el reino de Dios sobre la tierra. El esfuerzo de los demás es nuestro esfuerzo, las causas de los demás son nuestras causas, a condición de que su meta sea el cumplimiento deseado por Dios. Jesús dijo, "[…] el que no está contra ustedes está con ustedes." (Lucas 9:50). Como administradores del reino de Cristo, aceptamos y proclamamos solidaridad con todos los esfuerzos legítimos de la raza humana. Los apoyamos todo lo que podemos. Reconocemos nuestra solidaridad especial con todos los que conscientemente son el Cuerpo de Cristo en todo el mundo. Compartimos con ellos la misión explícita de establecer el reino de Dios en la tierra. Ser administrador es aceptar involucrarnos.

Quinta tumba: morir a la desesperanza

El mayor obstáculo para involucrarnos en los esfuerzos por transformar el mundo es una combinación de desesperanza e incapacidad.

"Es inútil. Nada puede hacerse. Nada puede cambiar."

"Yo no puedo hacer nada sobre eso. ¿Quién soy yo? No tengo autoridad para cambiar las cosas. ¿Quién va a prestarme atención?"

Es difícil enfrentar la frustración. Por lo tanto, nosotros mismos nos anestesiamos con indiferencia. Pasamos del "Yo no puedo hacer nada sobre eso," al "Yo no voy a meterme", al "A mí eso no me afecta."

Tanto sicológica como físicamente nos echamos atrás. Nos negamos a pensar en lo que está pasando, o en cómo deberían ser las cosas, a comparación de cómo son. Nos aislamos. Nos metemos en nuestros propios asuntos; cuidamos sólo de nosotros mismos. Para algunos, este aislamiento es absorberse en las metas de este mundo: seguridad financiera, progreso, logros, cualquier cosa en que creemos posible tener éxito; todo lo que podemos hacer según la ley de causa y efecto usando nuestras facultades humanas, todo lo que nos hace sentirnos realizados.

Nos aislamos del marco total del plan de Salvación de Dios porque nos sentimos frustrados. Preferimos absorbernos en el pequeño marco de nuestros propios planes. Hacemos compulsivamente lo que podemos, sin preguntarnos si es lo que debemos, o por lo menos, queremos, hacer.

Para otros, el aislamiento asume la forma de escapismo. Esta forma de desesperanza es más radical. Huir de todos los retos posibles se vuelve nuestra mayor preocupación en la vida. A cada oportunidad que encontramos nos aislamos al mundo imaginario del entretenimiento y la diversión.

Podemos aislarnos del mundo de muchas formas. Beber en exceso es una de ellas, y la reconocemos como pérdida de la libertad, como una compulsión. Pero en cierto modo, todo escapismo crónico es compulsivo. Ver televisión puede ser una compulsión. Salir de paseo puede ser una compulsión. Jugar golf o trabajar en algún pasatiempo puede ser una compulsión, si lo hacemos, no para descansar la mente por un rato, sino para evitar algo que debíamos afrontar, para quitar nuestra mente de la vida misma. El aislamiento compulsivo puede absorberlo todo; puede privarnos de experimentar todo lo demás. Puede cegarnos a ver la vida tal como es, no sólo en su fealdad sino también en su gloria y promesa.

Todo escapismo crónico es escaparnos del trabajo del reino. Cuando tomamos cada oportunidad que se nos presenta para alejarnos de lo que nos rodea; cuando notamos que ya no pensamos en retos profundos, ni siquiera en los de nuestro trabajo; cuando siempre preferimos quedarnos en casa a ver televisión en vez de ir a una plática, una discusión, un retiro; necesitamos analizarnos. Quizá tengamos un problema con nuestra responsabilidad como administradores del reino de Cristo.

El falso poder y la falsa falta de poder

Jesús se refirió tanto al poder como a la falta de poder como maneras de cerrar nuestros ojos ante la situación total. Limitar nuestro enfoque de lo que es el éxito nos hace ser malos administradores y nos lleva al escapismo ciego.

Después de elogiar al "administrador digno de confianza y capaz" que " al venir su señor, lo encuentra cumpliendo su deber", Jesús habla del criado infiel que empieza a preguntarse si el dueño irá a regresar (ver Mateo 24:45-51). El administrador infiel deja de pensar sobre el regreso de su amo, deja de pensar por completo en agradar al amo como la razón misma de su trabajo, y en lugar de eso empieza "a maltratar a sus compañeros y a comer y a beber con borrachos."

En primer lugar, el administrador malo abusa del poder y la autoridad para que se hagan las cosas (maltrata a los otros criados). No hay negocio en la vida más que el negocio, y tener ganancias es su única ley. La gente y los objetivos personales se sacrifican en el altar del progreso. Se sacrifica la satisfacción del trabajo por la productividad, la calidad del servicio se sacrifica por las ganancias a corto plazo. Vemos que esto ocurre todos los días.

Esto es expresar desesperanza en el verdadero poder, absorbiéndonos en el poder limitado. Como el hombre que enfrenta la situación sin remedio que existe en su trabajo maltratando a su esposa al llegar a su casa, así también ponemos nuestras energías en hacer todo lo posible para olvidar lo que no podemos.

Como resultado de abusar del poder, el administrador infiel empieza "a comer y beber con los borrachos." Cuando ya el amor no es nuestra motivación, cuando agradar al amo ha dejado de ser nuestro objetivo, es difícil vivir con lo que queda. No hay modo de que podamos abusar de otros sin abusarnos a nosotros mismos para escapar de ello. Abusar del poder nos deja indefensos ante los demonios que atormentan nuestra alma. No hay otro escape más que "comer y beber" y hacerlo con otros que están tan intoxicados con esa ilusión como lo estamos nosotros, hasta que nos hundimos más y más en el estupor de una mente y un corazón insensibles.

Cuando la falta de poder impuesta nos frustra, nos distraemos con la falta de poder que nosotros mismos escogemos. Como los alcohólicos que convierten la bebida en su problema en vez de enfrentar el problema que los lleva a beber, renunciamos al control sobre nuestros apetitos para centrarnos en esa falta de poder, en vez de la otra falta de poder en nuestra vida que nos parece más terrible.

Como sentimos que el automóvil está fuera de control, quitamos las manos del volante y cerramos los ojos mientras nuestra vida cae por el barranco. Esto no tiene que manifestarse de manera obvia como el alcoholismo; puede ser simplemente cerrar los ojos a los problemas que nos rodean y negarnos a tomar responsabilidad para resolverlos. A pesar de las quejas de la esposa, un esposo se niega a ver que hay problemas en su matrimonio. Una madre cierra sus ojos cuando hay señales de abuso sexual en sus hijos. Un empleado decide no dar un buen vistazo a las políticas y prácticas destructivas en su lugar de trabajo. Un sacerdote no pone atención a lo que pueda andar mal con su ministerio en la parroquia.

Ya sea que nuestro sentimiento de frustración y desesperanza se oculte bajo el uso del poder o renunciando al poder, estamos negándonos a tomar responsabilidad por el reino de Dios. Y la raíz de nuestro problema, si no es puro egoísmo, es nuestra falta de fe en la presencia y el poder de Cristo.

La aparente ausencia de Dios

Parte de la experiencia cristiana común es una conciencia aguda de la ausencia de Dios. No es que Dios esté realmente ausente; es solamente que no lo vemos. Muchas veces no sentimos su presencia y no podemos entender por qué no está haciendo más de lo que parece estar haciendo para derrotar el mal en el mundo.

Los evangelios mencionan muchas ocasiones en las cuales Cristo se retiraba. Cuando, después de haber multiplicado el pan en el desierto, la gente quiso hacerlo rey, Jesús "subió al cerro para orar a solas." (Mateo 14:22-23; Juan 6:1-22) Como muestra adelantada de su ascensión al cielo, dejó a sus discípulos solos en su barca (símbolo de la Iglesia), remando contra el viento y las olas de un mar contrario.

Ésta es una experiencia típica de la vida cristiana en la tierra. La Iglesia es "batida por las olas", especialmente los miembros de la Iglesia que tratan de establecer el reino de Dios en los ambientes frecuentemente hostiles de los negocios, vida social, familiar, y la política. Jesús no parece estar en la barca. El "viento está en su contra" y ellos "están lejos de la orilla."

Luego llega Jesús caminando sobre las aguas, y ellos se aterrorizan. No están seguros de que es Él. Piensan que es un fantasma. No están seguros hasta que Pedro arriesga su vida saltando sobre las olas tormentosas, ¡creyendo que puede caminar sobre las aguas!

Esto es lo que significa ser administrador: trabajar para establecer el reino de Dios en un mundo donde los vientos y las corrientes de la cultura están frecuentemente en contra de los valores que Cristo enseña, y tratar de hacerlo sin ayuda perceptible de Jesús, por lo menos la mayor parte del tiempo.

Cuando Jesús llega por medio de una sugerencia, una idea, una inspiración, nuestra primera reacción es de terror. El riesgo es muy grande; no hay ni la menor posibilidad. ¿Cree Dios que podemos caminar sobre las aguas? Nunca sabremos si es Dios quien nos está llamando hasta que respondamos. Jesús sólo llama a caminar sobre las aguas a los que están dispuestos a brincar, aun a riesgo de ahogarse.

Un administrador es la persona a quien el amo ha dejado a cargo mientras "está de viaje." El administrador tiene a su cargo la responsabilidad del reino y debe estar atento al negocio del amo hasta su regreso. El administrador puede sentirse abandonado y solo cuando el amo no está allí. Pero a pesar de todo, tiene que asumir la responsabilidad total, tomar acciones decisivas, iniciar cambios y reformas y perseverar hasta que el amo regrese.

'Ánimo; Yo he vencido al mundo'

Para perseverar, necesitamos esperanza, una esperanza basada en la fe. El administrador tiene que creer no sólo que el amo regresará, sino que regresará triunfante, que ha "vencido al mundo" (Juan 16:33).

Para ser administradores fieles del reino de Cristo, tenemos que creer que la guerra ya fue ganada, y sólo estamos peleando las batallas. Podemos ganar o perder este reto en particular, pero pelear es nuestra contribución a la victoria total de Dios.

Para usar una imagen más consistente con la negativa de Cristo a imponer su reino por la fuerza: somos como jugadores que están perdiendo el juego de basketball 104 a 0. El capitán nos hace a un lado para decirnos, "¡Salgan a jugar con todas sus ganas. Podemos ganar este juego!"

Levantamos los ojos para ver el reloj pero el capitán lo ha cubierto con una toalla. Si salimos a la cancha y jugamos con todas nuestras ganas hasta que suene el silbato, tenemos fe. Y lo estamos demostrando en acción; esto es fidelidad. Si perseveramos en creer que Jesús triunfará, eso es fe. Si perseveramos en trabajar para lograr su triunfo, eso es fidelidad.

Sabemos por fe que Jesús no está ausente. Sabemos que aún está presente entre nosotros, viviendo en nuestro corazón, trabajando en su Iglesia, trabajando en el corazón de cada ser humano que escucha su voz aunque sea débilmente. Sabemos que está presente pero no lo vemos. Tenemos que creer. Sabemos que está trabajando en nosotros, con nosotros, por medio de nosotros, pero no vemos los resultados. Debemos confiar. Sabemos que triunfó sobre el pecado y el mal, pero todo lo que vemos a nuestro alrededor lo contradice. Debemos perseverar en la fe, en la esperanza y en el amor que nos mantiene trabajando y pasando nuestra vida por Él hasta que venga.

Ser un administrador del reino de Cristo quiere decir perseverar en fe y fidelidad hasta que venga nuevamente. Para los que mantienen su atención puesta en Cristo mientras promueven Su reino, la esperanza que los sostiene es creer en que el amo regresará. Conocemos la verdad: Jesús ha vencido al mundo. El "vendrá de nuevo en gloria para juzgar a vivos y muertos, y su reino no tendrá fin." Ese reino es lo que estamos creando ahora.

Morir a la desesperanza; resucitar para perseverar en fidelidad

Morir a la desesperanza es la quinta tumba en la que debemos entrar. Tenemos que negarnos por completo a juzgar por las apariencias, a pensar que nada puede mejorar. Tenemos que sepultar nuestra dependencia en los esfuerzos humanos y resucitar a la confianza en el poder de Dios, que nos impulsa a realizar mayores esfuerzos humanos que antes.

No miramos a nuestro alrededor para ver si es que acaso Jesús ha vencido al mundo. Como cristianos, creemos que Jesús ya lo venció, y observamos a nuestro alrededor para darnos cuenta de cómo es que está llevándose a cabo, o cómo podemos hacer que se realize mediante nuestra participación. Nos comprometemos a trabajar para transformar al mundo.

Esta transformación empieza con nuestros propios esfuerzos por cambiar nuestros ambientes. Llenamos nuestra vida familiar con el "fruto del Espíritu": amor, alegría, paz, paciencia, amabilidad, generosidad, fidelidad, dulzura y control de nosotros mismos. Tratamos de llenar nuestra vida social con los valores de Cristo, de hacer que todo lo que hacemos para divertirnos nos reedifique, que la recreación sea verdaderamente recreativa. Usamos cosas físicas para dar gozo a nuestro corazón; interactuamos con otras personas en formas que nos acerquen a ellas en mente, corazón y alma.

En nuestro ambiente profesional, nuestro trabajo, escuela o negocio, trabajamos para establecer un tono de paz y respeto, de verdadero servicio a otros. Impulsamos normas que transformen el trabajo en amor. Nos esforzamos para que el trabajo sea para nosotros una experiencia de entregarnos a los demás. Mantenemos nuestro corazón vivo alimentándolo todo el día con el fuego vivificante de la generosidad y el servicio. Estamos dispuestos a dar un segundo vistazo a nuestras metas y objetivos, a los fines y los medios, e invitamos a otros a verlos también. Nos preguntamos cómo podemos mejorar las normas a la luz de las profundas necesidades humanas. Ensanchamos nuestra perspectiva, preguntándonos cómo hacer para realzar más nuestra vida y la de los demás mediante lo que ya estamos haciendo, y mediante lo que estamos entrenados y comprometidos a hacer.

Nos adueñamos de nuestra ciudad, nuestro vecindario, nuestro país, nuestro estado. Vemos cómo otra gente y grupos están transformando la sociedad, a veces con la mejor intención, otras veces con la peor intención. Prestamos atención para encontrar una voz auténtica, no una voz que trate de imponer en otros la fe de los cristianos, sino la voz que urge la verdad en nombre de la verdad, amor en nombre del amor, paz en nombre de la paz. La voz de la verdad habla el lenguaje de este mundo, proponiendo un camino basado en la verdad que lleva a la vida, y unimos nuestras voces a ella.

Discernimos esa voz por su conformidad con nuestra esperanza, la verdad en la que creemos, la vida que nos ha llevado al amor. Donde no se levante esa voz, levantamos la nuestra, aunque parezcamos ser una voz gritando en el desierto.

Nos levantamos de la tumba de la desesperanza para ejercer como administradores, para asumir la responsabilidad de establecer el reino vivificante de Cristo sobre toda área y actividad de la existencia humana. Nos comprometemos a perseverar en fe y fidelidad, a trabajar fielmente hasta que Él regrese.

Éste es el quinto y último paso. Tomado juntos con los demás, nos llevará a la vida en su plenitud.

Preguntas para la reflexión y la discusión

1. ¿De qué me hice responsable al ser ungido administrador del reino de Cristo en el Bautismo? ¿Cómo estoy respondiendo a esta responsabilidad?

2. ¿Qué puedo ver a mi alrededor que no está sometido al reino de Cristo en los negocios? ¿en la política? ¿en la vida social? ¿en los medios de comunicación? ¿en mi vida familiar? ¿Qué diferencia hay entre llevar la religión auténtica a estas áreas, o llevar sólo religiosidad simplista?

3. ¿Qué razón tengo para creer que Jesús ha triunfado sobre el poder del pecado en estas áreas? ¿Me da mi fe suficiente esperanza para tratar de cambiar las cosas?

CONCLUSIÓN

Cinco palabras en serie

Si quieres llegar a algún lugar, tienes que empezar a avanzar desde el sitio donde estés. Cada uno de estos pasos — excepto el primero, por supuesto, presupone que ya tomaste el paso anterior. Si empiezas la escuela desde el octavo grado sin haber pasado por los otros grados, es seguro que te confundirás.

Supongamos por ejemplo, que alguien empezara con el quinto compromiso, transformar la sociedad como administrador del reino de Cristo, sin haber completado los otros cuatro pasos, ¿qué pasaría?

Lo más probable es que esa persona acabaría obrando por enojo, causando divisiones entre la gente y recurriendo a la violencia. Los que trabajan por la paz y la justicia saben que la paz debe tener prioridad en su propio corazón o no lograrán nada. La frase, "No hay paz sin justicia" tiene doble filo: La justicia cristiana auténtica sólo puede lograrse mediante la paz.

Un obispo en Guatemala me dijo, "Todo gobierno que se establece por la violencia tiene que sostenerse por la violencia." Lo mismo es verdad de toda paz, todo acuerdo entre la gente que se realice bajo presión, intimidación o temor.

Lo que Jesús nos enseña es que el amor conquista al mundo. Si lo conquistamos mediante cualquier otro poder, somos nosotros los que salimos vencidos. Esto significa que no puedo tomar mi compromiso como administrador del reino de Cristo hasta que me haya entregado yo mismo a morir por el mundo por amor como víctima del sacerdocio de Cristo.

La víctima que Jesús ofreció como sacerdote fue a sí mismo: su cuerpo, su carne por la vida del mundo. Como "sacerdotes en el Sacerdote" no tenemos ninguna otra víctima que ofrecer sino la que Él ofreció: su cuerpo, que somos nosotros mismos. No hay otra forma de establecer el reino excepto el camino de la cruz y ese camino es el amor que todo lo aguanta.

Antes de poder aceptar el "envío", el "apostolado" de Jesús, debemos aceptar su Espíritu. El Espíritu de amor, unidad y paz. El punto de partida de todo apostolado es el "habitación superior", el lugar comunitario, donde todos "perseveraban juntos en la oración" (Hechos 1:14). Sólo desde la profunda paz y entrega comunitaria de este apostento alto pueden los cristianos salir a transformar el mundo.

¿Cómo podemos llegar a entregarnos así?

Evangelización

Empezamos por entrar en la primera tumba, el acto de desesperanza vivificante que nos afirma en la profunda realización de que nada podemos hacer que sea digno de lo que somos, a menos que lo hagamos con Jesús. Cuando verdaderamente creamos en Él como el único posible salvador de nuestra vida en este mundo, nos esforzaremos para hacer que la interacción con Él sea la única guía y poder salvador en todo lo que hagamos.

Discipulado

Naturalmente, esto nos lleva al discipulado. Interactuamos con Jesús aprendiendo de Él. No podemos caminar en la luz a menos que veamos la luz, y esto significa abrir nuestras mentes a la enseñanza y ejemplo de Jesús. Significa dedicar tiempo a la reflexión y a la oración.

¿Pero qué es lo que nos hace perseverar en el discipulado? La gente constantemente hace el propósito de orar más, de leer las Escrituras, de dedicar tiempo a la meditación o discusión en grupo. La mayoría de estos propósitos no duran mucho. ¿Por qué no cumplimos nuestro compromiso de llevar una vida de discipulado?

La primera razón es que en realidad no hemos tomado el primer paso con suficiente solidez. No estamos realmente convencidos de que la interacción con Jesús es una necesidad y no algo extra en nuestra vida. No sentimos la suficiente desesperanza de todo lo demás como para poner nuestra esperanza en Él solamente. Pensamos que podemos arreglárnoslas (al menos en ciertas áreas de nuestra vida) sin incluirlo a Él directamente.

O no hemos entrado en la segunda tumba completamente. No estamos totalmente convencidos de que las metas y sistemas de guía de este mundo son inadecuados. Pensamos que conocemos lo suficiente o podemos averiguar lo suficiente de lo que la cultura ofrece, para vivir vidas felices y productivas. No creemos que realmente tenemos que ser discípulos, y por lo tanto, no damos prioridad a aprender el mensaje y el camino de Jesús.

O creemos que ya hemos "aprendido nuestra religión"; que por las leyes y la instrucción recibida ya absorbimos la Luz del mundo. Escogemos el legalismo en vez del discipulado.

Pero si en verdad tomamos el segundo paso, si empezamos a estudiar a los pies de Jesús y a vivir vidas caracterizadas por la reflexión en su palabra y ejemplo, pasamos naturalmente al tercer paso. Empezamos a ver cómo se aplica el Evangelio a la vida. Empezamos a ver cómo podemos vivir la enseñanza de Jesús en formas nuevas y creativas. Adquirimos intuiciones proféticas.

Testimonio

Pero podríamos quedarnos sin reacionar con respecto a lo que vemos pasar; muchos nos quedamos sin hacer nada. Como Jesús mismo lo indicó, la semilla que ha brotado en el camino muy recorrido de la cultura, que ha echado raíz por el discipulado y empezado a crecer, puede todavía ser ahogada por "las preocupaciones de esta vida y los encantos de las riquezas" (Mateo 13:22). Empezamos a ver las decisiones radicales que el Evangelio nos invita a tomar ; pero también nos damos cuenta de lo que nos costarán. Nos damos cuenta de cuáles son las cosas a las que debemos renunciar; lo que podríamos perder.

Hasta este punto, si tuviéramos el apoyo de toda la comunidad cristiana, si toda la gente cercana a nosotros se uniera para tomar las mismas decisiones radicales que vemos, también las aceptaríamos. Nos sentimos más seguros en grupo; preferimos renunciar a aquello que disfrutamos en vez de renunciar a las personas más allegadas a nosotros. Es más fácil a veces seguir a los demás que quedarnos rezagados, aunque los demás vayan al martirio.

Pero es difícil estar solos. Para ser profetas, por lo tanto, debemos entrar en la tercera tumba; debemos morir a nuestro temor a estar solos. Debemos estar dispuestos a tomar decisiones radicales, a tomar riesgos atemorizantes aun cuando nadie nos apoye. Debemos prestar oído al Espíritu en nuestro corazón, confirmar que aquello que nos sentimos movidos a hacer, esté en conformidad con la palabra de Dios, y, en decisiones más serias, consultar un director espiritual que pueda discernir con nosotros al nivel de las inspiraciones del Espíritu y no sólo al nivel del sentido común cultural. Finalmente, debemos tener el coraje de permanecer firmes en "testimonio solitario"[1] como profetas de Jesucristo.

El peligro de la soberbia

Ser profeta es algo peligroso —no sólo para el cuerpo sino para el alma. Cuando los que tienen el valor de permanecer en testimonio solitario miran a su alrededor y ven que son los únicos que se mantienen firmes, empiezan a darse cuenta de que son los únicos que están en lo correcto— por lo menos sobre ese asunto en particular. De allí viene el peligro de la soberbia.

Soberbia no significa que nos creemos mejores que los demás, eso es sólo vanidad, presunción, un error de juicio, una tontería. No es un pecado muy serio. Pero si estamos correctos con frecuencia podemos decidir que somos listos. No hay pecado en eso tampoco; puede ser simplemente la verdad. Pero si alguna vez decidimos que porque somos listos entonces todo lo que pensamos es la verdad, eso es el pecado de hacernos el estándar de lo verdadero y lo falso. Eso es soberbia. Soberbia real significa verse a uno mismo como el criterio, el estándar de la verdad y la falsedad, del bien y del mal. Éste es el pecado de pecados. Sólo Dios es el criterio.

Los profetas corren el peligro de tomarse demasiado en serio, especialmente cuando los demás lo hacen. Después de todo, no podemos ser profetas sin atraer atención. La gente que sale del desierto como Juan el Bautista, usando trajes de pelo de camello y comiendo insectos, atrae multitudes. ¡Tus enemigos no pueden siquiera apedrearte a muerte sin hacerte el centro de la atención!

El peligro de la marginación

La muchedumbre que rodea a los profetas es muchas veces hostil. Los profetas pueden ser una amenaza. Aunque no estés tratando de persuadir a los demás a que sigan tus creencias religiosas, aunque lo único que desees hacer es vivir el evangelio en forma auténtica en tu propia vida, tu ejemplo será una amenaza para los demás. Las obras de testimonio cristiano tienden a llamara a la gente a examinar sus propias almas, lo quieran o no.

Por tanto, los profetas siempre corren el riesgo de ser apedreados y eso puede llevar al profeta a la ira y la amargura. Las piedras lastiman. El rechazo duele. Duele que te acusen de estar equivodado cuando estás en lo cierto. El profeta está en peligro de ser destruido por la ira y la amargura.

Por el hecho de que permanece solo, el profeta tiende a estar marginado de la comunidad. Ser distinto es ya en cierto modo aislarse uno mismo de la multitud. Ser atacado y rechazado aumenta la distancia.

No debemos renunciar a ser profetas o disminuir lo radical de nuestra postura profética, pero tampoco podemos quedarnos siendo profetas solamente. Debemos seguir adelante para ser sacerdotes. Esto significa entrar en una cuarta tumba: Debemos morir al "individualismo" en la religión, a todo apego que tengamos a mantener nuestra religión como asunto individual y privado entre Dios y nosotros.

COMUNIDAD

Para ser profetas debemos estar dispuestos a quedarnos solos. Para ser sacerdotes debemos morir a las limitaciones de esta postura solitaria. Debemos involucrarnos con los demás. Nuestra expresión de fe debe convertirse en expresión de amor. La fe que expresamos ante los demás como profetas debemos expresarla ante los demás como sacerdotes. La meta de nuestra autoexpresión como sacerdotes no es sólo autenticidad; es ministerio. Damos expresión a la luz y al amor que hay en nosotros para nutrir y comunicar la vida divina de Dios a los demás.

Ser sacerdote es hacernos parte de la comunidad. Es formar comunidad. El propósito del

[1]Esta frase es el título de un libro escrito por Gordon Zahn, un crítico concienzudo que cuenta la historia de Franz Jaegerstaetter, decapitado en Alemania Nazi por negarse a pelear en el ejército de Hitler.

sacerdote al expresar su fe, esperanza y amor, es atraer a la gente a la comunión del Espíritu Santo, haciéndolos tener una experiencia profunda de la gracia de nuestro Señor Jesucristo y del amor de Dios.

El sacerdote es por definición alguien que atiende con amor. La meta del sacerdote es ser conducto de la luz, el amor y la vida de Dios a los demás, es llevar a la gente a una comunidad de humanidad redimida que da vida. La meta del sacerdote es lograr la unidad y la paz.

Por otro lado, el enfoque del profeta es primeramente vivir con autenticidad la verdad, sin importar las consecuencias. El profeta "da con el hacha a la raíz del árbol" (ver Mateo 3:10) y deja que las astillas caigan donde caigan.

Jesús estaba hablando de sí mismo como profeta cuando dijo, "¿Creen ustedes que he venido para establecer la paz en la tierra? Les digo que no; más bien he venido a traer división. Pues de ahora en adelante hasta en una casa de cinco personas habrá división: tres contra dos y dos contra tres. El padre estará contra del hijo y el hijo contra el padre; la madre contra la hija y la hija contra la madre; la suegra contra la nuera y la nuera contra la suegra." (Lucas 12:51-53).

Jesús estaba hablando como sacerdote cuando dijo durante la Última Cena, "Yo ruego por ellos. No ruego por el mundo, sino por los que son tuyos y que tú me diste —pues todo lo mío es tuyo y todo lo tuyo es mío—; yo ya he sido glorificado a través de ellos." (Juan 17:9-10).

Esta dos declaraciones no son contradictorias. La mayor parte de los problemas prácticos del cristianismo se resuelven pensando en términos de "eso y eso" en vez de "eso o eso."

Sacerdotes y profetas son como aceite y vinagre: Necesitas los dos para poder hacer un aderezo de ensalada. El vinagre solo es demasiado fuerte; así también el testimono profético. El aceite por sí solo es demasiado suave; así es el ministerio sacerdotal que no reta. Ser como el vinagre puro puede aislarnos de la comunidad. Ser como el aceite puro puede hacernos solamente facilitadores de lo que ya la comunidad quiere hacer: alguien que sólo quiere agradar, que tiene miedo de "hacer olas". En Jesús, el más grande y compasivo amor nunca antes conocido en el mundo se unió al testimonio más radical nunca antes visto en el mundo. Jesús fue Profeta y Sacerdote.

Debemos ser sacerdotes pero también profetas. Pero debemos ser profetas antes de ser sacerdotes. Si nunca hemos tenido el valor de mantenernos firmes sobre algo, de tomar una postura impopular, de arriesgar causar hostilidad en otros, ¿cómo vamos a saber si nuestra decisión de ayudar al que sufre, de moderar nuestra postura por compasión, es realmente por dar prioridad al amor y no sólo por miedo al conflicto?

Apostolado

No podemos detenernos en el sacerdocio tampoco. Si lo hiciéramos, la comunidad cristiana correría el riesgo de ser solamente un vientre cálido que sustenta amor, dedicado totalmente a sí mismo, mientras que el mundo se va al infierno.

Debemos asumir responsabilidad por el mundo, por aquellos a nuestro alrededor, por la raza humana. Debemos dedicarnos a transformar la sociedad, a cambiar las estructuras sociales, a trabajar por la paz en el mundo y a extender el reino de Cristo sobre toda área y actividad de la vida humana.

Para esto tenemos autoridad. Tenemos un derecho que es nuestro, como lo es todo derecho, por virtud de una obligación. Transformamos la sociedad en obediencia a Su mandato: "Me ha sido dada toda autoridad en el Cielo y en la tierra. Vayan pues, y hagan que todos los pueblos sean mis discípulos. [...]" (Mateo 28:18-20).

Como hemos visto, "todas las naciones" no significa solamente las entidades geográficas; significa todas las áreas, todos los campos de vida y actividad humana. Y "hacer discípulos [...] enseñándolos a observar todo lo que les he mandado" no significa solamente catequizar; significa inculcar las actitudes y valores enseñados por Jesús y las políticas que fluyen de ellas, a las estructuras sociales de cada institución y sociedad sobre la tierra. Significa renovar la sociedad, no en forma simplista, sino respetando las aspiraciones y metas de la raza humana creada y redimida por Dios.

La paradoja es que para renovar la sociedad como administradores del reino de Cristo, para establecer el reino de Dios para lo cual se entregó Jesús, debemos morir a querer verlo hecho realidad. Debemos estar dispuestos a perseverar en la fe y la fidelidad incondicionalmente veamos o no los resultados, hasta que Cristo venga de nuevo, sin importar cuándo.

Jesús obtuvo la victoria al aceptar la derrota en la cruz. El supremo triunfo de su poder fue su renuncia al poder. Reveló la verdadera naturaleza del poder al negarse a triunfar excepto por medio de la falta de poder humano. Obtuvo la vida para el mundo al aceptar la muerte en la cruz.

Cuando estemos dispuestos a morir con Él como sacerdotes, estaremos listos para conquistar al mundo para Él como administradors de su reino. No tenemos que esperara ser perfectos para empezar, pero tenemos que empezar por el principio.

Si queremos tener vida en su plenitud, éste es el momento de empezar. Regrese a la página uno de este libro y empiece a leerlo nuevamente, deteniéndose cuanto sea necesario para tomar decisiones mientras avanza. Mejor todavía, léalo junto con alguien más para que se ayuden mutuamente a entenderlo, tomar decisiones y actuar.

Jesús vino para que "tuviéramos vida y la tuviéramos en abundancia. La vida en abundancia es tuya, si la escoges. Jesús dijo: "Ven y sígueme." El camino está abierto si decides seguirlo. Y los primeros pasos están claros.

¿Decides empezar?

PARTE 2

MANUAL DE TRABAJO

INTRODUCCIÓN

Trabajar con los cinco pasos hacia la plenitud de la vida

Este manual de trabajo ha sido diseñado e incluido en este libro para complementar la lectura con actividades colectivas de reflexión. En conjunto, el libro y el manual forman un curso básico de formación espiritual dirigido específicamente a los laicos. Este programa puede ser usado por individuos, familias, grupos parroquiales pequeños o cualquier otro grupo interesado en crecer espiritualmente.

El manual provee un formato para seis reuniones de reflexión y respuesta enfocadas en los compromisos implícitos en nuestro Bautismo. Los participantes podrán pasar todo el tiempo que deseen en cada paso de este plan. Las reuniones pueden tenerse una vez por semana, cada dos semanas, mensualmente, etc.

Este plan depende de *la oración*, *el estudio* y *la acción*. Si alguna de estas cosas deja de practicarse, la efectividad del plan se verá reducida drásticamente. Este libro provee material de estudio y oración sobre el cual debe reflexionarse. El manual enseña un método para meditar sobre el material, y un método para ayudar a los participantes a identificar la acción de Dios en su corazón y su respuesta a ella. También hace hincapié en tomar decisiones explícitas en cada paso y encarnar mediante acciones concretas lo que se ha estudiado. Para cada reunión sugiere también un Enfoque en la Misa para que los participantes puedan relacionar la promesa y el llamado de cada paso del plan con lo que celebran semanal o diariamente en la Eucaristía.

Cada reunión sigue el mismo formato (e.g. ver pág. 59-63):

- **Meta:** La meta específica de cada reunión es entender y hacer un compromiso. Éste es el fin o meta a la que cada pregunta, respuesta, reflexión y decisión debe dirigirse.
- **Enfoque en la Misa:** Los cinco pasos de este plan son parte integral de la celebración Eucarística. Esto es de esperarse, puesto que simplemente hacen explícito nuestro compromiso bautismal de vivir en su plenitud la vida de gracia que celebramos en la Misa. Si se tiene en mente el *Enfoque en la Misa*, la participación en la Eucaristía será más consciente y activa interiormente.

También ayudará a que el compromiso con los cinco pasos sea una conscientización fundamental para nuestra vida espiritual. Si los participantes toman parte por lo menos en una Misa diaria a la semana además de la Misa dominical usando conscientemente el *Enfoque en la Misa*, esto enriquecerá el programa y hará que la Misa tenga mayor significado para ellos .

- **Símbolo:** Los símbolos se usan en cada religión y cultura. Nos recuerdan cosas importantes y nos ayudan a enfocar nuestra atención. Si ponemos el símbolo que se sugiere donde podamos verlo durante el día, nos ayudará a estar conscientes todo el día de lo que estamos tratando de hacer. Los participantes pueden usar el símbolo sugerido o cualquier otro que les parezca más significativo o apropiado.

- **Recordatorio:** Esto es útil para la memoria y la motivación y dará enfoque al compromiso del grupo. Los participantes del grupo deben tomar nota de los días de reunión para que puedan leer y asimilar el material antes de la reunión, y después de la reunión puedan reflexionar sobre la forma en que pondrán en acción lo que han aprendido.
- **Oración inicial:** Use la oración de la pág. 58 de este manual para empezar cada reunión y cada vez que estudie o reflexione sobre el libro.
- **Reflexión sobre la Escritura:** Éstos son breves pasajes de los Evangelios que se enfocan en el tema de la reunión. Durante la reunión, debe leerlo en voz alta y pasar cinco minutos orando en silencio. También puede poner copias en su bolsillo o cartera, en su escritorio, refrigerador, etc.
- **Inventario:** Las preguntas del inventario le ayudarán a identificar en qué lugar está usted antes de avanzar. Contéstelas antes de leer o discutir el capítulo. No hay respuestas "correctas" o "erróneas", sólo hechos.
- **Comprensión del capítulo:** Estas preguntas le ayudarán a asimilar el contenido del libro. Escriba sus respuestas en el manual al leer cada capítulo.
- **Entendimiento personal:** Estas preguntas le ayudarán a entender cada paso en el contexto de su propia vida. Con estas preguntas el paso empieza a ser personal y real. Contéstelas antes de reunirse con otros, porque la riqueza de la discusión dependerá de lo que aporten los participantes. Puede ser que sus respuestas sean más profundas después de discutir con los demás las preguntas de esta sección de *Entendimiento personal* y las de la *Comprensión del capítulo.* Luego podrá modificar sus respuestas.
- **Iniciativa:** Aquí es donde ponemos las cosas en práctica. La oración y el estudio son buenos, pero el verdadero entendimiento se alcanza mediante la acción. Decida hacer una acción concreta en respuesta al paso y luego llévela a cabo, aunque la acción parezca pequeña o superficial. Al principio no trate de tomar grandes decisiones para cambiar su vida. Empiece por poco. Tome decisiones de *Iniciativa* preliminares antes de reunirse con otros, para que lo que comparta sea práctico y de utilidad para los demás. Puede releer el libro y el manual tantas veces como le resulte útil, y después seguir tomando decisiones cada vez más importantes.
- **Lectura y oración final:** Las lecturas se toman del Concilio Vaticano Segundo. Este Concilio hizo un llamado a los laicos para que se esfuercen por la perfección, la plenitud de la vida cristiana, y por tomar responsabilidad de transformar el mundo. Este programa le ayudará a hacer las dos cosas.

Este libro le da un plan práctico para una verdadera formación espiritual personal. Úselo para establecer metas y especificar objetivos. Tome nota de sus pensamientos y experiencias, y de vez en cuando repase sus notas para que vaya observando su crecimiento. Si tiene preguntas, envíelas a www.hisway.com. Este sitio también provee recursos adicionales para crecimiento espiritual siguiendo los cinco pasos. El Señor le acompañe.

CÓMO EMPEZAR

1. En privado: Cuando ya tenga *Alcanzando a Jesús* y el Manual:
   - **a.** Lea y entienda las páginas 50 al 57 de este manual.
   - **b.** Conteste las *Preguntas preparatorias* y el *Compromiso.*
2. Reúnase y discuta sus respuestas a las *Preguntas preparatorias.*

Confirme su *Compromiso*. (Si trabaja solo, vaya al Primer Paso).

3. En privado:

a. Complete los blancos en *Símbolo, Recordatorio e Inventario* del Primer Paso.

b. Lea el capítulo. Ore sobre su contenido (vea la pág. 53).

c. Llene los blancos de la *Comprensión del capítulo, Entendimiento personal e Iniciativa* del Primer Paso.

4. Reúnase y discuta lo que ha aprendido en su reflexión y oración. (Si trabaja solo, vaya al Segundo Paso).

CÓMO REFLEXIONAR SOBRE LOS CAPÍTULOS

Éste es el método cristiano tradicional para meditar sobre las Escrituras o cualquier otra cosa. El método es *enfrentar* algo y *hacer preguntas* sobre ello hasta llegar a una *decisión* que tenga efectos positivos sobre nuestra vida. Es así de simple. Cualquier persona que está dispuesta a tomar decisiones puede hacerlo. Solamente fallan las personas que evitan tomar decisiones.

Estos pasos activarán las facultades humanas básicas: *memoria, intelecto* y *voluntad.* Pero como la oración no es sólo un ejercicio humano, primero hacemos una pausa, despejamos nuestra mente, recordamos la presencia de Dios y le pedimos que nos ayude. Luego empezamos.

- La *Memoria* provee el material. Este paso puede empezar con lectura, pues lo escrito es solamente memoria grabada. La clave es enfrentar alguna línea o pensamiento que le impresione. Deténgase; note lo que dice y concéntrese en ello para sacarle significado.
- El *Intelecto* opera haciendo preguntas y tratando de contestarlas. Nos preguntamos qué es lo que dice aquello, por qué lo dice, qué nos reta a que hagamos, cómo podemos responder, si realmente queremos responder y por qué sí o por qué no. Las preguntas deberán ser preguntas que lleven a la acción: "¿Qué acción expresaría que realmente creo en lo que acabo de ver, que tengo esperanza de que Dios me ayudará a llevarlo a cabo, y que amo al Dios que me lo está pidiendo?" Al hacernos estas preguntas, Dios nos ayuda y nos inspira.
- La *Voluntad* es el impulso que nos lleva a decidir libremente. La meta de nuestra oración es tomar decisiones. Mediante las decisiones formamos nuestra alma. Creer, tener esperanza y amar, son decisiones. También lo son las cosas concretas que elegimos hacer para expresar nuestra fe, esperanza y amor. Para asegurar que lo está tomando en serio, decida hacer por lo menos una cosa que sea tan concreta, que al cerrar los ojos pueda verse a usted mismo haciéndola.

Terminamos nuestra reflexión hablando a Dios con nuestras propias palabras sobre lo que hemos visto y lo que deseamos hacer al respecto. Pedimos a Dios que nos ayude, y rezamos un Padrenuestro, un Ave María, o alguna otra oración.

Orar sobre las Escrituras simplemente quiere decir reflexionar sobre la palabra de Dios hasta que hayamos llegado a decisiones que cambien nuestra vida.

El ejercicio de la conciencia

[o "Reconociendo a los Ángeles"]

Dedique a esto unos diez minutos al día. ¡Puede hacerlo mientras se baña!

Dios se relaciona con nosotros de innumerables maneras durante todo el día, y especialmente cuando oramos. Él nos inspira, invita, guía y advierte; mas no grita ni empuja, sino que nos toca y murmura suavemente. Dios respeta nuestra libertad demasiado como para identificarse abiertamente al hablarnos, y sólo lo hace hasta que sabe que queremos oír lo que quiere decirnos. Para ignorar a Dios basta con que no escuchemos con atención. El *Ejercicio de la Conciencia* es una manera de escuchar para poder identificar la acción de Dios en nuestro corazón y nuestra respuesta a ella.

Para empezar, haga una pausa, despeje su mente, recuerde la presencia de Dios, y pídale que le ayude.

El primer paso es ponerse en contacto con sus sentimientos. Los sentimientos no son buenos ni malos, porque no son actos que escogemos libremente. Pero pueden ser útiles para decirnos hacia dónde sopla el viento en nuestro corazón y ese viento puede ser el Espíritu Santo. Así que trate de identificar cualquier cambio en su estado de ánimo que haya tenido durante el día o durante la oración que acaba de hacer. "¿Cómo me sentía cuando empecé este día o esta meditación? ¿Cómo me siento ahora? ¿Cambió mi estado de ánimo en algún momento? ¿Fue por algún pensamiento o idea que tuve? ¿Decidí algo que me hace sentirme bien? ¿o decidí algo que no me hace sentir paz? ¿Hay alguna idea que me está molestando? ¿Hay algo que necesito reconsiderar o analizar más profundamente?"

En seguida juzgue de dónde provienen esos sentimientos. ¿Hay alguna explicación obvia natural, o es quizá Dios que le da paz para asegurarle que está siguiendo e curso correcto; o que perturba su paz para advertirle que se está saliendo de curso? Tenga el valor de juzgar sus decisiones del día, de declararlas correctas, incorrectas o dudosas. No tiene que sentirse absolutamente seguro, pero llegue a una decisión y vea si se siente en paz con ella.

Luego hable con Dios sobre lo que hará en seguida. Mire hacia el futuro y cambie cualquier decisión que Dios le esté pidiendo cambiar. Tome una postura deliberada de fe, ánimo, amor. Pida a Jesús que sea su Camino. Entréguese a Él.

PREGUNTAS PREPARATORIAS

Los participantes deben contestar estas preguntas antes de empezar este plan. Las preguntas son como un "Inventario" para todo el programa. Otras preguntas similares se presentan al final del manual.

¿Cuándo fui bautizado/a? ¿Lo celebro igual que mi cumpleaños?

¿A qué me comprometí al ser bautizado/a?

¿Qué tan seguido me doy cuenta de que estoy viviendo mi compromiso bautismal como lo describo arriba?

¿Qué tan seguido hago oración?

¿Qué tan seguido leo, estudio o reflexiono sobre la Biblia*?*

¿Cuántos documentos del Concilio Vaticano II he leído?

¿Qué tan seguido pienso en Jesús? ¿en mi esposa/o o amigos?

¿He aprendido algo nuevo acerca de Jesús recientemente? ¿Qué?

¿Cómo influyó mi relación con Jesús alguna de mis decisiones más recientes? ¿Qué diferencia hizo?

¿A qué grupo o comunidad cristiana pertenezco? ¿Qué me siento comprometido a hacer por ella?

¿Me siento responsable por transformar el mundo? ¿Lo estoy haciendo?

¿Estoy entusiasmado/a por estudiar este libro? ¿Por qué?

Compromiso

Nuestra experiencia al usar este plan ha demostrado que lo más importante es el compromiso personal de cada uno de los participantes. Así que antes de empezar lo invitamos a hacer su compromiso en forma clara y precisa. Tal vez no lo viva a la perfección y quiera modificarlo más tarde. Pero al abrazar este plan es importante que se confiese claramente a usted mismo y a Dios lo que tiene la firme intención de hacer.

Durante este programa me comprometo a:

1. Asistir a las reuniones:

el (día de la semana): ____________________

a las ____________________ (hora)

en (lugar): ____

2. Leer con anticipación el capítulo asignado:

una vez: ______ dos veces:______ más de una vez: ______

3. Reflexionar y orar sobre el capítulo por espacio de:

______ minutos cada día, a las ______ (hora).

o cada semana los (días) ________________________________

de las (hora de inicio) ____________________ a las

____

4. Usar cada día el "Ejercicio de la Conciencia" [o "Reconociendo a los ángeles"] (ver pág. 54):

a las ______ (hora).

Oración inicial

Dios Padre,
te adoramos y en ti confiamos.
Jesucristo Salvador nuestro,
en ti creemos.
Dios Espíritu Santo,
te entregamos nuestro corazón.

Nos invitas a tener una relación personal contigo.
Nos permites conocerte.
Nos pides dar testimonio de ti.
Nos unes como una familia de creyentes.
Nos llamas a establecer tu reino.

Ayúdanos a amarte.
Ayúdanos a conocerte.
Ayúdanos a vivir según tus palabras.
Ayúdanos a servirnos unos a otros.
Ayúdanos a hacer que venga tu reino.

Guíanos, guárdanos y aliméntanos.
Señor Jesucristo, vive por siempre en nuestro corazón.

¡Amén!

La decisión de convertirse en Cristiano

Lea y ore sobre: ***Alcanzando a Jesús***

Introducción y Primer Paso . . . . págs. 3–14

La meta *de esta reunión es entender lo que es tener una* relación personal con Jesucristo como Salvador *y comprometernos a* interactuar *con Él.*

Enfoque de la Misa: Rito de Introducción *(desde el Canto de Entrada hasta la Oración Inicial): La Misa empieza con una proclamación de la Buena Nueva que estamos celebrando* (Evangelización). *Escuche las palabras; deje que le recuerden lo que Jesús vino a hacer por nosostros como Salvador. Recuerde cómo ha experimentado usted "la gracia de nuestro Señor Jesucristo;" cómo ha experimentado la misericordia y amor de Dios. Deje que su corazón se goce en las palabras del* Gloria. *Alabe a Dios. Aprecie su fe. Alégrese en la Buena Nueva. Reafirme su confianza en Jesús como Salvador, su resolución de hacerlo parte de su vida.*

***Símbolo**: Para mantenerme alerta a la presencia de Cristo en mi vida, pondré una vela en el siguiente lugar:*

***Recordatorio:** La reunión para el Primer Paso será a las ______ (hora): fecha: ______*

lugar: ____________________ .

(Complete después de la reunión):

Asistí _______ */ no asistí* _______ .

También asistieron:

***Oración Inicial**: Decir juntos la oración inicial (pág. 58)* en privado *antes de leer el capítulo, y* todos juntos *para empezar cada reunión.*

***Reflexión sobre las Escrituras**: San Juan 1:38.* "Jesús se volvió y,[...] les preguntó: "¿Qué buscan?" *¿Qué es lo que estoy buscando yo en la vida? ¿Dónde espero encontrarlo?*

1

***Inventario*:**

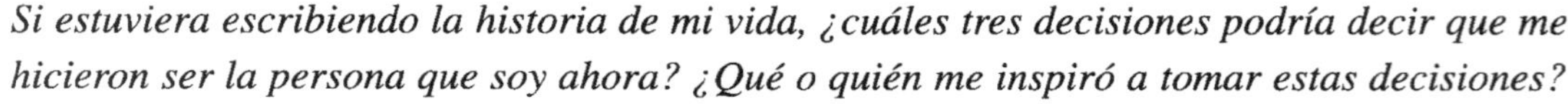

Si estuviera escribiendo la historia de mi vida, ¿cuáles tres decisiones podría decir que me hicieron ser la persona que soy ahora? ¿Qué o quién me inspiró a tomar estas decisiones?

¿Quién influye más ahora en mi manera de actuar?

Primero, mencione cosas que empezó a hacer por sugerencia, ejemplo o influencia de otras personas. Luego, mencione cosas que hace en respuesta consciente a Jesús.

¿Qué parte de mi vida me satisface más? y ¿qué parte me hace sentirme más insatisfecho/a?

Comprensión del capítulo:

¿Cuándo y dónde leí el capítulo? ¿Cuántas veces?

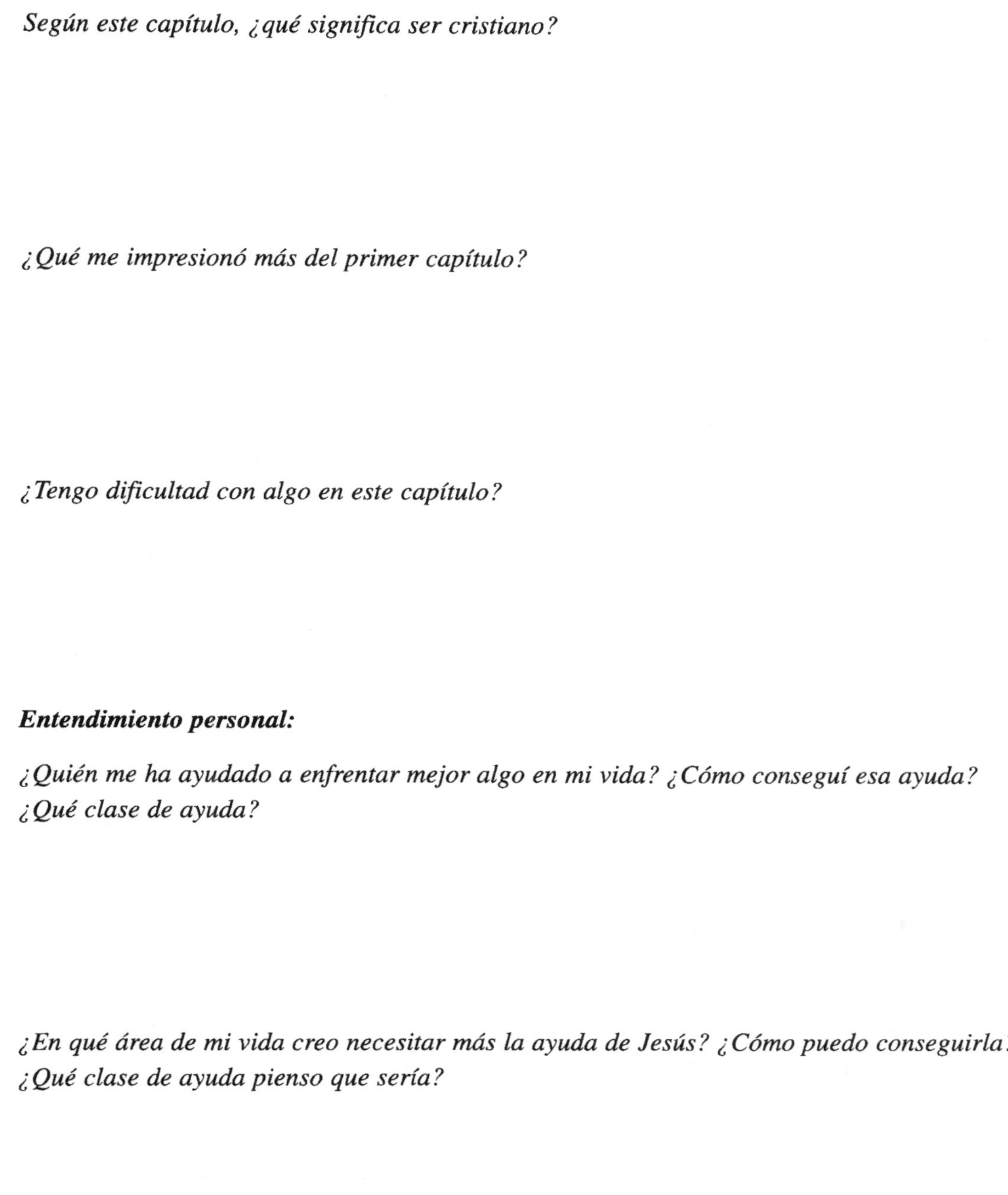

1

Según este capítulo, ¿qué significa ser cristiano?

¿Qué me impresionó más del primer capítulo?

¿Tengo dificultad con algo en este capítulo?

Entendimiento personal:

¿Quién me ha ayudado a enfrentar mejor algo en mi vida? ¿Cómo conseguí esa ayuda? ¿Qué clase de ayuda?

¿En qué área de mi vida creo necesitar más la ayuda de Jesús? ¿Cómo puedo conseguirla? ¿Qué clase de ayuda pienso que sería?

1

¿Qué me recuerda a la gente que amo? ¿algo que veo, oigo, pruebo, huelo, siento? ¿Qué me recuerda a Jesús?

¿Cómo puedo interactuar con Jesús conscientemente todo el día? ¿De qué maneras podría hacerlo? ¿Qué haría yo? ¿Qué haría Él?

Iniciativa:

¿Qué puedo hacer concretamente para que Jesucristo empiece a ser parte activa en todo lo que hago? *¿Qué recordatorio puedo usar para interactuar con él todo el día?*

Lectura y Oración final

Lector: *Porque el Verbo de Dios por quien todo fue hecho, se hizo carne para que como el ser perfecto pudiera salvar al mundo y sumar todas las cosas en sí.* El Señor es la meta de la historia humana y de la civilizacion, el centro de la raza humana, la alegría de cada corazón y la respuesta a todos sus anhelos [...] *Animados y unidos en su Espíritu, caminamos hacia la consumación de la historia humana, que concuerda absolutamente con el plan de amor de Dios: 'Reunir todas las cosas en Cristo, tanto a los seres celestiales como a los terrenales' (ver Efesios 1:10)."*

El Señor mismo habla: "Voy a llegar pronto y llevo conmigo el salario para dar a cada uno conforme a su trabajo. Yo soy el Alfa y la Omega, el Primero y el Último, el Principio y el Fin" (Apocalipsis 22:12-13).

1

Líder: *Señor, es bueno que estemos aquí. Condúcenos a una relación cada vez más profunda contigo. Concédenos ver tu rostro, y que la luz que veamos resplandecer en ti haga su morada en nuestro corazón, ilumine nuestras mentes y deseos y resplandezca en nosotros para llevar al mundo entero al gozo de tu presencia. Te pedimos que la vela que vamos a encender en nuestro hogar estos días nos mantenga alerta a tu presencia entre nosotros. Pedimos esto a ti, quien eres Cristo el Señor.*

Todos: *Amén.*

LA DECISIÓN DE CONVERTIRSE EN UN DISCÍPULO

Lea y ore sobre: ***Alcanzando a Jesús***
Segundo Paso . . . . págs. 15–21

La meta *de esta reunión es entender lo que es ser* discípulo*; y comprometernos a vivir una vida* caracterizada por la reflexión orante *sobre la Buena Nueva.*

Enfoque de la Misa: *La* Liturgia de la Palabra *(desde las Lecturas y nuestra respuesta a ellas: Profesión de Fe, Oración de los fieles). La Liturgia de la palabra es un ejercicio en el discipulado. Nos invita a transformarnos* "a partir de una renovación interior" *para saber* "distinguir cuál es la voluntad de Dios, lo que es bueno, lo que le agrada, lo que es perfecto" *(Romanos 12:2). Escuche las Lecturas como un discípulo sentado a los pies de Jesús. Abra su mente para aprender, su corazón para responder. Diga la Profesión de Fe con un nuevo entendimiento. Si algo le impacta en las lecturas o la homilía, discútalo con alguien después de la Misa. Decida poner en acción de algún modo lo que entendió. La semilla echa raíz cuando se llega al nivel de las decisiones. Ser discípulo es vivir de acuerdo a lo que aprendemos.*

Símbolo: *Para mantenerme consciente de mi compromiso de estudiar y reflexionar sobre la palabra de Dios, pondré una Biblia abierta en el siguiente lugar:*

Recordatorio: *La reunión para el Segundo Paso será a las* _______ *(hora): fecha:* ______

lugar: ____________________ .

(Complete después de la reunión):

Asistí _______ */ no asistí* ________ .

También asistieron:

Oración inicial: *Decir la oración inicial, pág. 58 (en privado antes de leer el capítulo y todos juntos para empezar cada reunión).*

Reflexión sobre las Escrituras: *San Juan 6:68* "Señor, ¿a quién iríamos? Tú tienes palabras de vida eterna." *¿Creo esto? ¿Cuánto me empeño por encontrar vida mediante sus palabras?*

2

Inventario:

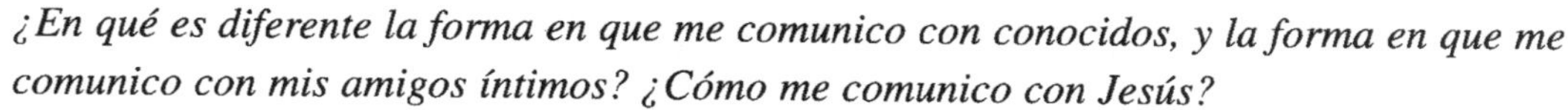

¿En qué es diferente la forma en que me comunico con conocidos, y la forma en que me comunico con mis amigos íntimos? ¿Cómo me comunico con Jesús?

¿Qué le pido a Jesús con más frecuencia: su consejo como amigo o maestro, o solamente que use su poder como Salvador, sanador, etc.? ¿Qué diferencia hay entre pedir su ayuda y buscar su consejo?

¿Me ha impresionado algo en las Escrituras alguna vez? ¿Qué hice sobre esta reacción inicial?

Comprensión del capítulo:

¿Cuándo y dónde leí el capítulo? ¿Cuántas veces?

Según este capítulo, ¿qué significa ser un discípulo?

2

¿Qué me impactó más del segundo capítulo?

¿Tengo dificultad con algo en este capítulo?

Entendimiento personal:

¿Qué área en mi vida se beneficiaría si aprendiera más sobre las actitudes, valores y promesas de Jesús?

¿Qué me ayuda a leer las Escrituras diariamente? ¿o qué me priva de hacerlo y qué puedo hacer al respecto?

En mis circunstancias, ¿qué significaría para mí ser un discípulo de Jesucristo? ¿Cómo sería? ¿Cómo se reflejaría?

2

Iniciativa:

¿Qué acciones concretas y específicas puedo tomar para empezar a vivir una vida caracterizada por la reflexión sobre el mensaje de Jesús? *¿Por dónde empezaré? ¿Cómo y dónde lo haré?*

Lectura y oración final

Lector: Este sagrado Concilio exhorta igualmente a todos los fieles [...] a que por la frecuente lectura de las Escrituras divinas, aprendan "la ciencia eminente de Cristo" *(Filipenses 3:8).* "Y así la ignorancia de las Escrituras es ignorancia de Cristo" *(San Jerónimo,* "Com. en Isaías"*). Acérquense pues de buen grado al texto mismo sagrado, ora por medio de la sagrada liturgia, que está henchida de palabras divinas, ora por medio de la piadosa lectura, ora por instrucciones apropiadas a este fin, y por otros procedimientos que, con aprobación y por empeño de los pastores de la Iglesia, se difunden laudablemente por dondequiera en nuestro tiempo. Recuerden, sin embargo, que a la lección de la Sagrada Escritura debe acompañar la oración, de modo que se entable coloquio entre Dios y el hombre, pues, "a Él hablamos cuando oramos; a Él oímos cuando leemos los oráculos divinos" [San Ambrosio; mencionado en Vaticano II:* Constitución sobre la Divina Revelación," #25].

Líder: *Señor Jesús, sabemos que tus palabras pueden transformar nuestro corazón y nuestra vida. Inclínanos a meditar en tus palabras para que tus palabras den fruto en nosotros. Señor, haz de nosotros discípulos tuyos y permítenos aprender de ti.*

Todos: *Amén.*

LA DECISIÓN DE CONVERTIRSE EN UN PROFETA

Lea y Ore sobre: Alcanzando a Jesús

Tercer Paso . . . . págs. 22–28

***La meta** de esta reunión es entender nuestra consagración bautismal como profetas, y comprometernos a una conversión continua de corazón y vida* para dar testimonio *de Cristo.*

***Enfoque de la Misa:** La Presentación de las Ofrendas (desde la Preparación del Altar hasta la Oración sobre los Dones): Éste es un* movimiento de transición *a la Liturgia de la Eucaristía. El pan y el vino son símbolos de nosotros mismos. Los presentamos para ser transformados en el cuerpo y la sangre de Cristo — así como en el Bautismo presentamos nuestros cuerpos como un sacrificio vivo y sin mancha agradable a Dios para convertirnos en el cuerpo de Cristo (ver Romanos 12:1). Mediante este gesto renovamos nuestro compromiso bautismal al ponernos sobre el altar de nuevo con el pan y el vino como un "sacrificio vivo"; es decir, comprometiéndonos conscientemente a que donde nuestros cuerpos estén seamos "sacrificados" para llevar a cabo la misión de Jesús. Éste es un compromiso a la* Conversión continua y al Testimonio: *nos compromete a* discernir *cuál es "la voluntad de Dios" — no solamente "lo que es bueno" como lo opuesto a lo pecaminoso, sino lo que es "agradable y perfecto" (ver Romanos 12:2) y a* encarnarlo *mediante la acción. En este momento de la Misa renueve profunda y personalmente su compromiso bautismal como* Profeta. *Prometa a Dios que seguirá haciendo cambios en su vida. Pida a Dios que lo transforme; que se pierda a usted mismo y se encuentre en Cristo. Viértase para ser uno con Cristo como el agua es vertida para tomar el sabor del vino. Sea la "fragancia de Cristo" en el mundo (ver 2 Corintios 2:15).*

***Símbolo**: Para acordarme de ser un "sacrificio vivo" que es constantemente transformado para dar testimonio de Cristo en todo, pondré pan y vino en el siguiente lugar:*

***Recordatorio:** La reunión para el Tercer Paso será a las _______ (hora): fecha: _______*

lugar: ____________________ .

(Complete después de la reunión):

Asistí _______ / no asistí ________ .

3

También asistieron:

Oración Inicial: *Decir la oración inicial (pág. 58).*

Reflexión sobre las Escrituras: *San Mateo 3:8* "Muestren los frutos de una sincera conversión." *¿Cómo estoy tratando de ser más como Cristo? ¿Es evidente?*

Inventario:

Si encontrara a Jesús sentado en mi cuarto y me preguntara, "¿Qué es lo que buscas en la vida?" sin decir palabra, a qué objetos físicos en mi casa podría yo apuntar como respuesta? ¿qué respuesta darían?

¿Qué influencia ha tenido en mi vida mi fe en Jesús? Si dejara de creer hoy en Jesucristo, ¿puedo nombrar tres decisiones concretas y específicas que tomaría hoy, las cuales cambiarían en forma significativa mi modo de actuar?

¿Qué he cambiado en mi vida por no estar de acuerdo con la clase de cristiano que quiero ser? ¿Cuándo he visto a otros ir más allá de las leyes y obligaciones debido a su fe?

Comprensión del capítulo:

¿Cuándo y dónde leí el capítulo? ¿Cuántas veces?

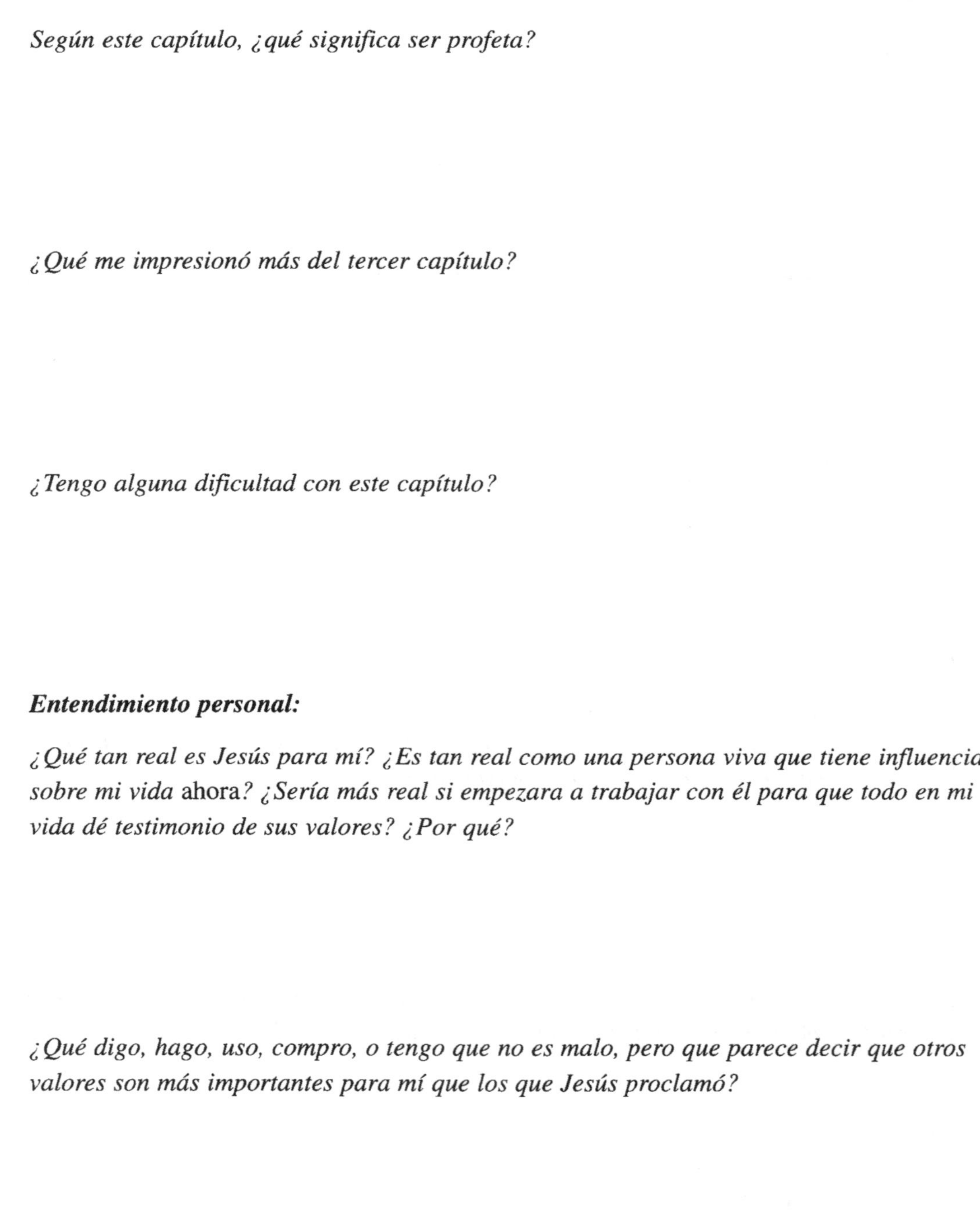

3

Según este capítulo, ¿qué significa ser profeta?

¿Qué me impresionó más del tercer capítulo?

¿Tengo alguna dificultad con este capítulo?

Entendimiento personal:

¿Qué tan real es Jesús para mí? ¿Es tan real como una persona viva que tiene influencia sobre mi vida ahora*? ¿Sería más real si empezara a trabajar con él para que todo en mi vida dé testimonio de sus valores? ¿Por qué?*

¿Qué digo, hago, uso, compro, o tengo que no es malo, pero que parece decir que otros valores son más importantes para mí que los que Jesús proclamó?

3

En mis circunstancias, ¿qué significaría vivir mi consagración bautismal como Profeta? ¿Cómo sería mi vida si antes de tomar cada decisión me preguntara a mí mismo, "¿Cómo dará esto testimonio de los valores de Jesús"?

Iniciativa:

¿Qué puedo empezar a hacer para que todo en mi vida y estilo de vida dé testimonio de la enseñanza y valores de Jesús? *¿Por dónde debo empezar? ¿Qué recordatorio usaré para no olvidarme de seguir haciéndolo?*

Lectura y oración final

Lector: *El Señor Jesús, quien fue* "consagrado y enviado al mundo por el Padre" (Juan 10:36), hace partícipe a todo su cuerpo místico de la unción del Espíritu *con que Él fue ungido; y en Él, todos los fieles son hechos sacerdocio santo y regio, ofrecen sacrificios espirituales a Dios por Jesucristo y pregonan las maravillas de Aquel que, de las tinieblas, los ha llamado a su luz admirable. No se da por tanto miembro alguno que no tenga parte en la misión de Cristo sino* que cada uno debe santificar a Jesús en su corazón y dar testimonio de Jesús con espíritu de profecía. *[Vaticano II,* Decreto sobre el Ministerio y Vida del Sacerdocio, *#2].*

Líder: *Señor, has hablado a nuestro corazón mediante tu Palabra. Ahora nuestro corazón debe responderte. Danos la gracia de escucharte, de cambiar nuestra mente, cambiar la meta y propósito de nuestra vida, vivir para ti y para tu reino. Ya que participamos en la misión profética de Jesucristo, ayúdanos a llevar la luz del evangelio a los eventos y cuestiones de nuestro propio día. Pedimos esto a ti, quien eres Cristo el Señor.*

Todos: *Amén.*

La decisión de convertirse en un sacerdote

Lea y ore sobre: ***Alcanzando a Jesús***

Cuarto Paso . . . . págs. 29–34

La meta *de esta reunión es entender nuestro compromiso bautismal como* sacerdotes *y comprometernos al* ministerio*; es decir,* expresar *nuestra fe, esperanza y amor para poder transmitir la vida de Cristo a los demás.*

Enfoque de la Misa: *La* Liturgia de la Eucaristía *(Prefacio y Oración Eucarística): El sacerdote que preside pronuncia las palabras de esta oración en nombre de todos, en plural, porque todos nosotros como* sacerdotes *por el Bautismo, estamos diciéndolas en nuestro corazón. Ofrecemos a Jesús al Padre y a nosotros mismos con Él, por la vida del mundo. Al ser levantados el cuerpo y la sangre de Cristo debemos unirnos conscientemente a Jesús en la cruz, diciendo al mundo entero con Él, "Éste es mi cuerpo que es entregado por ustedes; mi cuerpo por la vida del mundo." Como "sacerdotes en el Sacerdote" y como "víctimas en la Víctima" renovamos nuestro compromiso de transmitir su vida a los demás al dejar que Cristo se exprese a sí mismo a ellos en nuestras palabras y acciones. Nos perdemos en el* Ministerio *y nos encontramos en la* Comunidad.

Símbolo: *Para estar consciente de mi compromiso de transmitir la vida de Dios a los demás, pondré un crucifijo en el siguiente lugar:*

Recordatorio: *La reunión para el Cuarto Paso será a las* _______ *(hora): fecha:* _______

lugar: ____________________ .

(Complete después de la reunión):

Asistí _______ */ no asistí* ________ .

También asistieron:

Oración inicial: *Decir la oración inicial (pág. 58).*

Reflexión sobre las Escrituras*: San Juan 20:21* "Como el Padre me envió a mí, así los envío yo también." *¿Actúo como alguien que ha sido enviado? ¿Cuándo? ¿dónde? ¿cómo?*

4

Inventario:

¿Cuándo estoy ministrando a otra gente fuera de la iglesia o en eventos de la iglesia?

¿He visto a otros celebrar con entusiasmo algo juntos? ¿Creo que mi comunidad parroquial está celebrando con entusiasmo su fe, esperanza y amor durante la Misa? ¿Qué es lo que veo y oigo que me da esa impresión?

¿Cuándo me siento más unido a los miembros de mi parroquia? ¿al resto de la Iglesia? ¿Cuándo siento que los demás apoyan más mi fe? ¿A quiénes llamaría yo mi "comunidad de fe"?

Comprensión del capítulo:

¿Cuándo y dónde leí el capítulo? ¿Cuántas veces?

¿Qué significa ser Sacerdote según este capítulo?

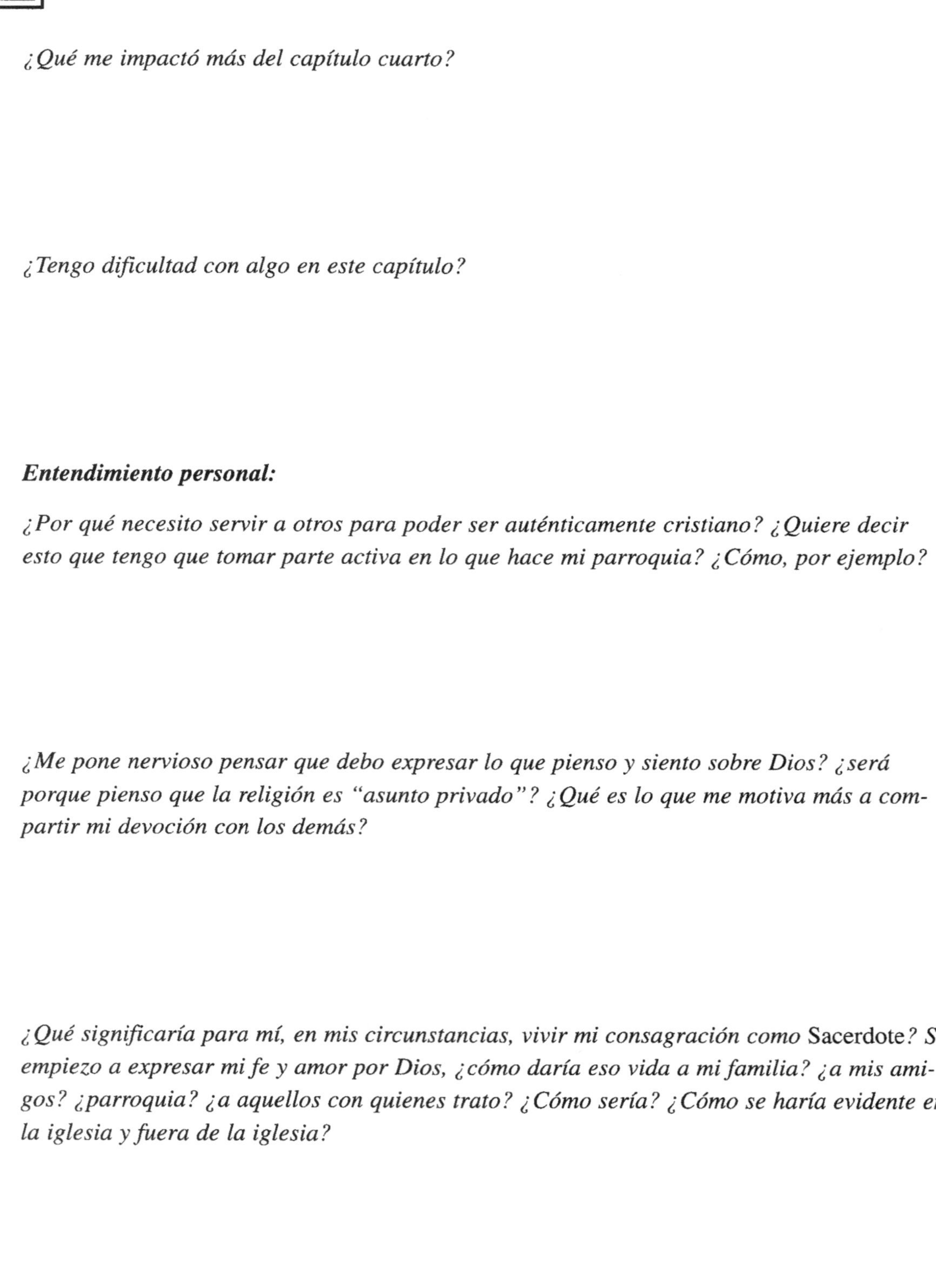

¿Qué me impactó más del capítulo cuarto?

¿Tengo dificultad con algo en este capítulo?

Entendimiento personal:

¿Por qué necesito servir a otros para poder ser auténticamente cristiano? ¿Quiere decir esto que tengo que tomar parte activa en lo que hace mi parroquia? ¿Cómo, por ejemplo?

¿Me pone nervioso pensar que debo expresar lo que pienso y siento sobre Dios? ¿será porque pienso que la religión es "asunto privado"? ¿Qué es lo que me motiva más a compartir mi devoción con los demás?

¿Qué significaría para mí, en mis circunstancias, vivir mi consagración como Sacerdote*? Si empiezo a expresar mi fe y amor por Dios, ¿cómo daría eso vida a mi familia? ¿a mis amigos? ¿parroquia? ¿a aquellos con quienes trato? ¿Cómo sería? ¿Cómo se haría evidente en la iglesia y fuera de la iglesia?*

Iniciativa:

¿Qué escojo hacer para vivir mi consagración bautismal como sacerdote? ¿Cómo puedo expresar físicamente la verdad y amor divinos que hay dentro de mí? *¿Dónde debo empezar? ¿Cómo, cuando, dónde lo haré?*

Lectura y Oración final

Lector: *Cristo el Señor, Sumo Sacerdote tomado de entre los hombres (ver Hebreos 5:1-5) a su nuevo pueblo hizo* "un reino y una raza de sacerdotes de Dios, su Padre" (*Apocalipsis 1:6; 5:9-10). Los bautizados son consagrados como casa espiritual y sacerdocio santo por la regeneración y la unción del Espíritu Santo, para que por medio de todas las obras del hombre cristiano ofrezcan sacrificios y anuncien las maravillas de quien los llamó de las tinieblas a la luz admirable (ver 1Pedro 2:4-10). Por ello* todos los discípulos de Cristo, *perseverando en la oración y alabanza a Dios (ver Hechos 2:42-47),* han de ofrecerse a sí mismos como sacrificio vivo, *santo y grato a Dios (ver Romanos 12:1). Han de* dar testimonio de Cristo en todo lugar, y a quien se la pidiera, han de dar razón *también de la esperanza que tienen en la vida eterna (ver 1 Pedro 3:15).*

El sacerdocio común de los fieles y el de los sacerdotes [ordenados] están interrelacionados aunque cada cual participa en forma peculiar del único sacerdocio de Cristo. *Su diferencia es esencial [es decir, por las funciones para las que han sido ordenados] y no sólo gradual [...]* Por su parte, los fieles asisten a la oblación de la Eucaristía en virtud de su sacerdocio real" *[*Vaticano II: *Constitución de la Iglesia, #10].*

Líder: *Señor, nos llamaste para ser raza elegida, sacerdocio real, pueblo santo, que reclamaste como tu propio pueblo para proclamar tu obra gloriosa. Danos sentido de comunidad y de ministerio mutuo en comunidad. Enséñanos a compartir unos con otros tu Palabra, tu Espíritu, tu amor —todo lo que es tu vida en nosotros. Y ayúdanos a renunciar a nuestra vida, nuestro egoísmo, nuestra timidez, nuestro retraimiento, para que puedas vivir y hablar en nosotros como tú deseas por la luz y vida de la iglesia. Te pedimos esto a ti quien eres Cristo el Señor.*

Todos: *Amén.*

La decisión de convertirse en administrador del reino de Dios

Lea y ore sobre: ***Alcanzando a Jesús***

Quinto Paso . . . . págs. 35–42

La meta *de esta reunión es entender nuestra consagración bautismal como* administradores del reino de Cristo, *y especialmente, comprender el papel de los laicos en la transformación de la sociedad según el espíritu del evangelio. Nos comprometemos a* tomar responsabilidad *de establecer el reino de Dios en el mundo.*

Enfoque de la Misa: El Rito de la Comunión *(desde el Padrenuestro hasta la Oración después de la Comunión): Ésta es la parte 'escatológica' de la Misa. Como en las peticiones del* Padrenuestro, *su enfoque es 'el fin de los tiempos' cuando Cristo se manifieste en su gloria y estemos unidos a Él y a los demás en el banquete nupcial del Cordero (ver Apocalipsis 19:9). Nos anima a "esperar la gloriosa venida de nuestro Salvador Jesucristo" y a trabajar para el reino de Dios, sabiendo que a Dios pertenece "el reino, el poder y la gloria." La palabra más frecuente en esta sección es 'paz.' Se menciona siete veces: como petición, promesa, hecho actual, y propósito a ser realizado. El Rito de la Comunión nos envía de la Misa al mundo para hacer realidad lo que pedimos: 'paz y unidad' del reino de Dios en la Iglesia, en la vida familiar y social, en los negocios y en la política. Éste es el momento de renovar nuestro compromiso al Apostolado, decidiendo perseverar en la fe y fidelidad como* administradores del reino de Cristo, *trabajando sin desanimarnos para transformar el mundo hasta que Él venga de nuevo en gloria. Reciba a Cristo en la Comunión, consciente de que Él le dice:* "Estoy contigo siempre, hasta el fin del mundo."

Símbolo: *Para estar consciente de mi responsabilidad como Administrador del Reino de Dios, pondré un periódico u otro símbolo de lo que pasa en nuestra sociedad, en el siguiente lugar:*

Recordatorio: *La reunión para el Quinto Paso será a las _______ (hora): fecha: _______*

lugar: ________________ .

(Complete después de la reunión): *Asistí _____ / no asistí _____ .*

También asistieron:

Oración inicial: *Decir la oración inicial (pág. 58)*

5

Reflexión sobre la Escritura: *San Mateo 28:20* "Yo estoy con ustedes todos los días hasta el fin de la historia." *¿Qué me ayudará a hacer Jesús? ¿Cómo estoy tratando de hacerlo?*

Inventario:

Dé ejemplos de personas cuyas decisiones han contribuido a que haya cambios (buenos o malos) en nuestra sociedad.

¿Qué veo a mi alrededor que no está sometido al reino de Dios en los negocios? ¿la política? ¿vida social? ¿escuela? ¿medios de publicidad? ¿en mi vida familiar?

¿Qué esfuerzos veo que hacen los creyentes para encarnar los valores de Cristo en la vida familiar y social, educación, negocios y política? ¿Estoy envuelto en este trabajo? ¿Cómo?

Comprensión del capítulo:

¿Cuándo y dónde leí el capítulo? ¿Cuántas veces?

Según este capítulo, ¿qué significa ser un Rey [administrador del reino de Dios]?

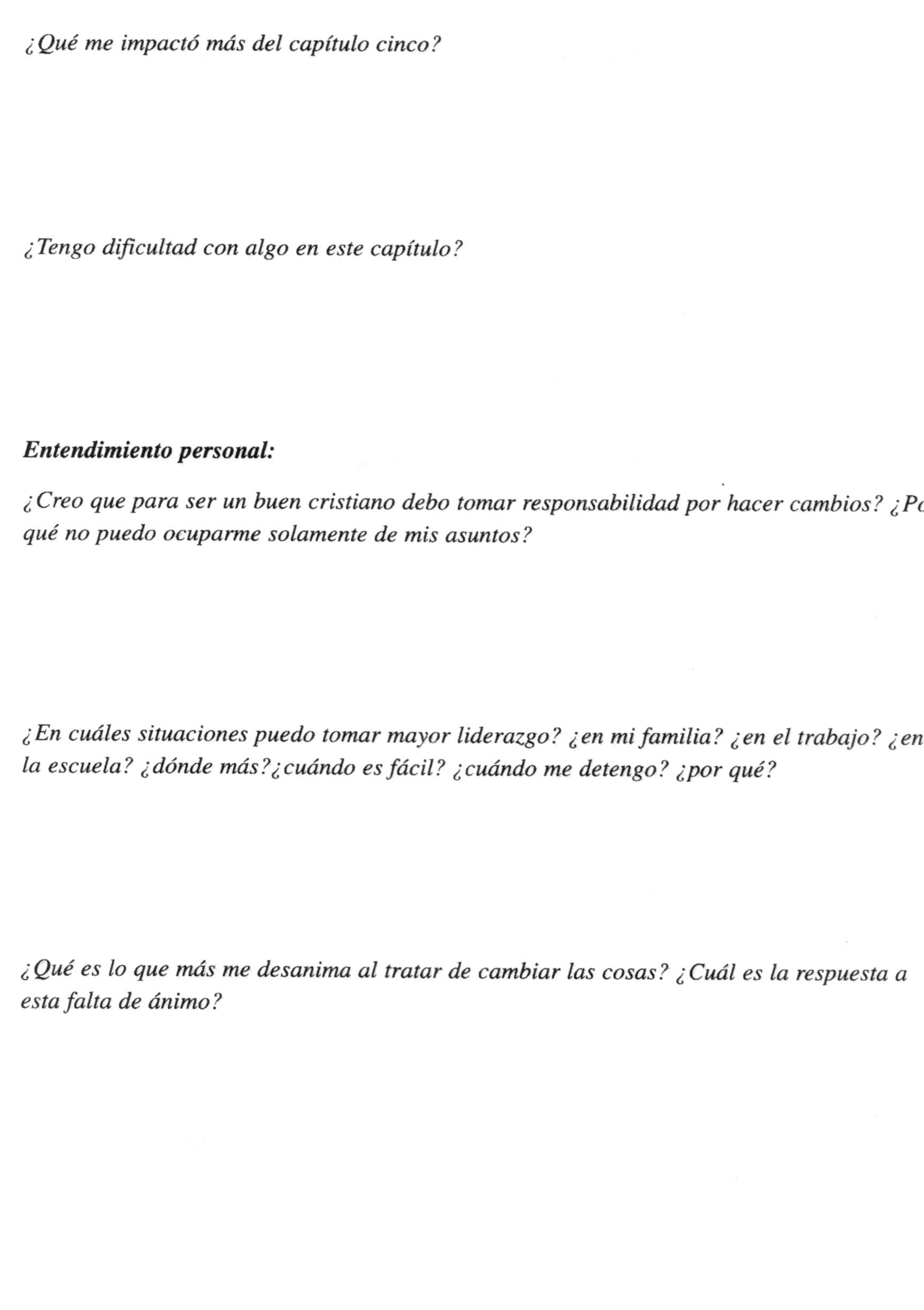

5

¿Qué me impactó más del capítulo cinco?

¿Tengo dificultad con algo en este capítulo?

Entendimiento personal:

¿Creo que para ser un buen cristiano debo tomar responsabilidad por hacer cambios? ¿Por qué no puedo ocuparme solamente de mis asuntos?

¿En cuáles situaciones puedo tomar mayor liderazgo? ¿en mi familia? ¿en el trabajo? ¿en la escuela? ¿dónde más?¿cuándo es fácil? ¿cuándo me detengo? ¿por qué?

¿Qué es lo que más me desanima al tratar de cambiar las cosas? ¿Cuál es la respuesta a esta falta de ánimo?

5

¿Qué significaría para mí en mis circunstancias, vivir mi consagración bautismal como administrador del reino de Cristo? ¿Cómo se haría evidente?

Iniciativa:

¿Acepto responsabilidad por transformar el mundo como administrador del reino de Cristo? *¿Dónde debo empezar? ¿Cómo empezaré?*

Lectura y oración final

Lector: "La vocación cristiana es, por su misma naturaleza, vocación también al apostolado.... *Los seglares, por su parte, partícipes del* ministerio sacerdotal, profético y real *de Cristo, cumplen en la Iglesia y el mundo la parte que les atañe en la misión del pueblo de Dios [...]"*

"[...] Es preciso sin embargo, que los seglares acepten como obligación específica suya el restaurar el orden temporal y el actuar directamente y de forma concreta en dicho orden, *dirigidos por la luz del Evangelio y la mente de la Iglesia y movidos por la caridad cristiana; el cooperar como ciudadanos con los demás con sus conocimientos profesionales y su responsabilidad propia, y el buscar en todas partes y en todo la justicia del reino de Dios.* Hay que restaurar el orden temporal de tal forma que, salvando íntegramente sus propias leyes, se ajuste a los principios superiores de la vida cristiana *y se mantenga adaptado a las variadas circunstancias de lugar, tiempo y nación." [Vaticano II,* Decreto sobre el Apostolado de los Seglares, #'s 2, 7].

Líder: *Señor, nos has enviado como administradores de tu reino a establecer tu reino de amor vivificante, en todo sector y actividad humanas. Danos el amor, iluminado por la fe y fortalecido por la esperanza, para perseverar en la obra de construir tu reino: un reino de verdad y vida, un reino de santidad y gracia, un reino de justicia, amor y paz. Pedimos esto, a ti quien eres Cristo el Señor.*

Todos: *Amén.*

5

¿EN DÓNDE ME ENCUENTRO?

(Esto puede ser un repaso privado o compartirse en una reunión final del grupo. Compare sus respuestas con las de la página 55–56).

¿Celebro el aniversario de mi Bautismo? ¿Cómo lo celebro?

¿A qué me siento comprometido ahora por mi Bautismo? ¿Cuáles compromisos específicos reconozco?

¿Oro más de lo que oraba antes de empezar a estudiar este libro? ¿Cuándo y qué tan seguido oro ahora? ¿Estoy interesado/a en aprender nuevas formas de orar?

¿Leo y estudio la Biblia más que antes? ¿Qué tan seguido? ¿Me gusta?

5

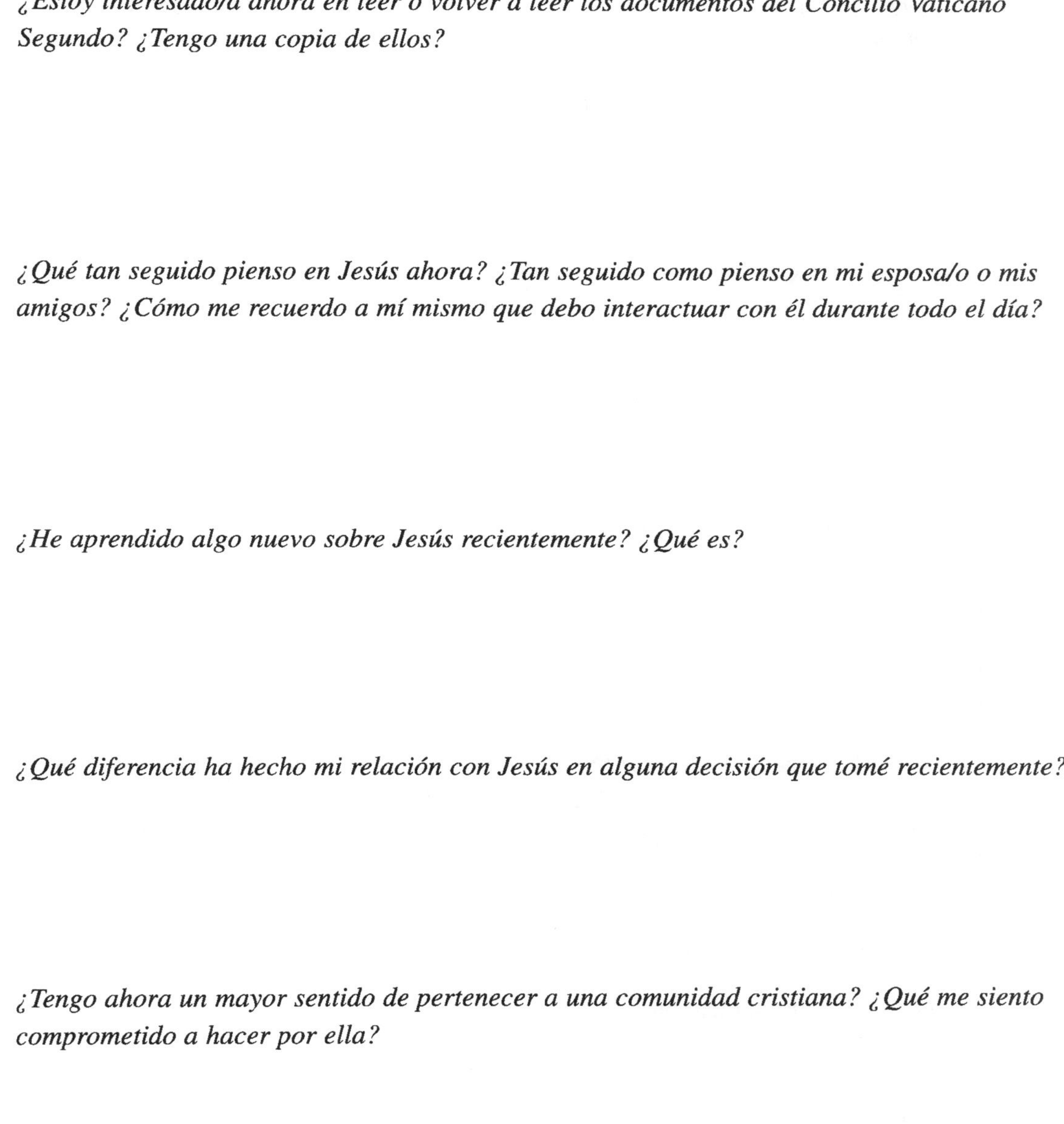

¿Estoy interesado/a ahora en leer o volver a leer los documentos del Concilio Vaticano Segundo? ¿Tengo una copia de ellos?

¿Qué tan seguido pienso en Jesús ahora? ¿Tan seguido como pienso en mi esposa/o o mis amigos? ¿Cómo me recuerdo a mí mismo que debo interactuar con él durante todo el día?

¿He aprendido algo nuevo sobre Jesús recientemente? ¿Qué es?

¿Qué diferencia ha hecho mi relación con Jesús en alguna decisión que tomé recientemente?

¿Tengo ahora un mayor sentido de pertenecer a una comunidad cristiana? ¿Qué me siento comprometido a hacer por ella?

5

¿Cuánta responsabilidad siento ahora por transformar el mundo? ¿Qué estoy haciendo para cambiar las cosas?

¿Me parece que leer este libro fue una gran experiencia? ¿Por qué?

¿Quiero tomar otro curso como éste? ¿Me gustaría explorar los Cinco Pasos con mayor profundidad? ¿Desarrollarlos mediante la Escritura?

Nota: Inmerso en Cristo *continúa en cinco libros por el mismo autor, los cuales desarrollan los Cinco Pasos mediante reflexión sobre el Evangelio de San Mateo. El primer libro es* ¿Por Qué Jesús?: Explorando una relación con Jesús en el Evangelio de San Mateo.

Para obtener información sobre estos libros, comuníquese a

His Way Communications
1310 Dellwood Ave., Memphis, TN 38127
(901) 357-6662
www.hisway.com

5

¿A DÓNDE VOY AHORA?

Éste puede ser un repaso privado o compartirse en una reunión final del grupo. Para prepararse:

Lea y ore sobre: Alcanzando a Jesús, *Conclusión (págs. 43–47).*

Escriba un plan *para continuar creciendo espiritualmente y discútalo con su confesor, director espiritual o párroco, y también con su esposo/a o amigo. Obtenga su apoyo para continuar en su viaje espiritual. Si está casado/a, quizá desee escribir un plan con su esposo/a. Empiece por escribir su meta: ¿Qué clase de relación quiere tener con Dios? Luego especifique objetivos o pasos intermedios que tomará para lograrlo.*

Incluya en su plan cuanto pueda de los puntos mencionados abajo, y agregue otros cuando esté listo para hacerlo:

- *¿Qué hará para* recordar *que debe interactuar con Cristo en todo lo que haga?*
- *¿Cuándo, dónde y cómo va a* orar? *¿cómo aprenderá nuevos métodos de orar?*
- *¿Cuándo y dónde* estudiará, *y cómo encontrará nuevos materiales? ¿En qué clases o grupos de discusión participará?*
- *¿Qué recordatorios y repasos usará para seguir* cambiando *cosas en su vida o estilo de vida para dar mejor testimonio de Cristo?*
- *¿En qué forma* expresará *visiblemente su fe para fomentar un sentido de* comunidad *en su parroquia? ¿en su familia? ¿con los demás? Si no tiene una comunidad de fe que le dé apoyo, ¿cómo la encontrará o formará?*
- *¿Cómo ejercitará su* sacerdocio *en el* ministerio*? ¿en la casa? ¿en el trabajo? ¿en la escuela? ¿en la parroquia? ¿con sus amigos? ¿con sus vecinos?*
- *¿Qué identifica como su trabajo* apostólico*? ¿qué hará para extender el reino de Dios en su vida familiar? ¿en su trabajo? ¿en su escuela? ¿vida social? ¿cívica?*